HISTOIRE

POPULAIRE

DU

SECOND EMPIRE

CHAUMONT. — TYP. C. CAVANIOL.

HISTOIRE

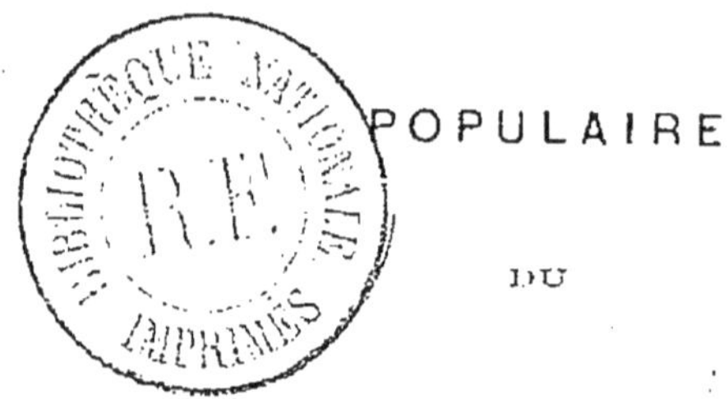

POPULAIRE

DU

SECOND EMPIRE

PAR

H. GUILLAUMOT

PARIS

A. LE CHEVALIER, LIBRAIRE-ÉDITEUR

61, RUE RICHELIEU, 61

1872

AVANT-PROPOS

En écrivant cette brochure, j'ai eu pour but principal de répondre aux attaques des bonapartistes, dont les écrits fangeux sont répandus à profusion dans nos campagnes. Il se fait en ce moment, et aux quatre coins de la France, une propagande inouïe. Des milliers de libelles pénètrent dans le foyer domestique, s'étalent à la vitrine de certains libraires soudoyés, prêchant le désordre, encourageant les ennemis du régime actuel, poussant le peuple à une nouvelle guerre civile, dont les bonapartistes profiteraient pour nous remettre la corde au cou. Ces messieurs excellent surtout à présenter l'empereur comme un ange de vertu. Je l'accorde, c'est un ange, mais un ange maudit. En même temps, on tourne la République en ridicule ; on la transforme en une sorte d'épouvantail dont il faut se défier. Le pire de tout cela, c'est que ces insinuations perfides ébranlent les convictions et inspirent des doutes au villageois. A force de calomnies, les bonapartistes leur ont fait croire que les républicains étaient des bêtes féroces, toujours prêts à mettre tout à feu et à sang. Les campagnards, qui ont la détestable habitude de juger un gouvernement d'après le cours des céréales, croient facilement à ces gasconnades.

Que de fois ne les ai-je pas entendus vanter l'Empereur parce que... le blé se vendait à un taux exorbitant sous son règne. Ainsi, faites des réformes, refondez notre système politique, donnez satisfaction à tous les intérêts ; si le blé est en baisse, vous éveillerez l'hostilité des campagnards. Pour eux, il n'existe que le côté matériel des choses. Point n'est besoin de leur montrer le vice, l'irréligion, l'immoralité, dont le flot toujours grandissant submerge toutes les classes. Que lui importe à ce campagnard si le trône est occupé par un monstre ou un homme de bien, pourvu que les affaires marchent ! Au-delà de l'horizon commercial, il ne voit plus rien. Sous cet air putride et chargé de miasmes sortant des Tuileries, ses enfants se corrompaient. Il vivait dans une atmosphère empoisonnée, il était surchargé d'impôts, sans liberté, emprisonné dans la cangue du césarisme ; eh bien, il ne sentait rien. Selon le mot de l'Écriture, ses yeux ne voyaient pas, ses oreilles n'entendaient pas. Et, aujourd'hui que l'empire a laissé à la République des dettes et de la honte, ils lui reprochent d'augmenter les charges.

Alors, rappelez-le votre César rabougri, nous verrons s'il paie la rançon à lui seul ! Ceux qui raisonnent de la sorte dépassent, à mon avis, les limites de la bêtise humaine. Enfin, quand on leur montre sous des couleurs vraies ce régime néfaste, ils s'écrient que le plus embarrassé est celui qui tient la queue de la poële. On pourrait leur répondre avec Champfort : Les moins à l'aise sont encore ceux qui se laissent frire. Et certes nous l'avons été, et à toutes sauces.

Avec leur finesse habituelle, les pamphlétaires bonapartistes font ressortir l'état critique des affaires, le ralentissement des transactions commerciales. Comme si tout cela n'était pas la conséquence de la guerre et, par une déduction toute logique, la faute de l'empereur. Ce qui ne les empêche point d'achever en disant : Si vous aviez gardé Napoléon, tout cela ne fût pas arrivé ! C'est donc par le mensonge, et rien que par le mensonge, que ces misérables charlatans tentent de reprendre le sceptre tombé de leurs mains souillées. Au reste, comment emploieraient-ils des moyens plus honorables ? Il y a surtout trois points capitaux autour desquels ils gravitent sans cesse ; les voici dans leur formule synthétique : L'empereur a enrichi la France, donc il faut le reprendre. L'empereur a été trahi, donc les républicains sont les auteurs de nos malheurs. Il serait puéril de réfuter de pareilles assertions, si tant de gens égarés par ces fauteurs de troubles ne se ralliaient à cette cause perdue. Mais quand chaque jour des hommes sans pudeur s'efforcent d'amnistier Bonaparte, le devoir exige qu'on oppose la vérité à leurs mensonges.

Voilà pourquoi j'ai étudié l'empire sous toutes ses faces, en me tenant à l'écart de toute exagération. Des preuves et des faits avant tout ; contre le chiffre il n'est pas d'arguments possibles. Nul doute que ce tableau lugubre des folies impériales ne nous attire les invectives de la bande bonapartiste. Nous le souhaitons de tout notre cœur, car les insultes de telles créatures ne peuvent que nous honorer. Les coquins, comme l'a dit un autre, n'aiment à avoir aucun rapport avec les juges d'instruction.

Si la légende de Waterloo a fait le second, et, disons-le, le dernier des empires, la légende de Sedan ne le réhabilitera pas. L'empereur a fait banqueroute à l'honneur et au courage. Il ne saurait plus compter comme Français. Qu'il se retrempe à l'école du malheur ; plus tard, la France verra s'il y a lieu de lui pardonner. Sa chute a été non-seulement honteuse, mais méritée. Au-dessus des événements, il faut voir la main de Dieu. Or, c'est pour avoir accepté le joug de ce Trissotin couronné, que nous avons été si cruellement punis.

Aujourd'hui, rendus à nous-mêmes, débarrassés de ce fardeau humiliant, nous avons le droit de respirer à notre aise. Efforçons-nous donc de conserver la République sage, honnête, basée sur la vérité, la liberté, la religion, et luttons avec courage, car c'est de nos efforts et de notre union que dépend le salut général. Mais il ne peut exister qu'à ce prix : bannissement perpétuel de Napoléon et de sa race. C'est une question de vie ou de mort. L'exil est une chose bien dure, dira-t-on. A cela nous répondrons d'abord qu'il ne faut jamais laisser pénétrer l'ennemi dans la place, ensuite que Bonaparte est justement châtié par la peine du talion. C'est pour avoir chassé des innocents que lui, le coupable, a été chassé à son tour.

HISTOIRE POPULAIRE
DU
SECOND EMPIRE

COUP D'OEIL RÉTROSPECTIF.

Malgré tout ce qu'en disent les monarchistes, la République, ou plutôt l'idée républicaine, ne périra jamais. On a beau mettre la lumière sous le boisseau, il vient un jour où le moindre souffle renverse les obstacles. Chassée d'un pays, la République se réfugie dans un autre. Plus on l'attaque, plus aussi sa puissance grandit.

Après le Coup d'Etat, on la croyait à jamais exclue de France. Mais ni le père Romieu, ni les Cassagnac, ni les dithyrambes officiels, ni les persécutions du proconsul Rouher, n'ont pu éteindre ce flambeau, sur lequel l'empire avait jeté l'éteignoir. Ce n'est pas pourtant que les républicains n'aient soutenu de rudes assauts. De toutes parts les atteignait l'anathème. Il sortait de la poigne du préfet, du bonnet du maire de village, du tricorne officiel, de la plume du journaliste, de la bouche sifflante des soudoyés, des vendus, des agents de police, des adulateurs, des courtisans.

Jusque dans les factums impériaux, l'hydre républicaine, lieu commun essentiellement bonapartiste, faisait l'objet de la réprobation générale. Hélas! la France était le jouet d'une cruelle illusion. Le bien, la justice, le droit rencontrent tôt ou tard un protecteur, et ce protecteur, c'est la République.

Mais pour que ce régime s'élevât avec un éclat splendide, il fallait que le torrent du bonapartisme ravageât la France, brisant sur son passage vertu, honneur, pudeur et bonne foi.

Dieu avait jugé nécessaire de nous envoyer un souverain hypocrite, enclin à tous les vices. Pendant vingt ans, nous avons subi ses caprices, toujours couchés à terre, toujours pliés sous le fardeau, écrasés, brisés, râlants. Puis tout disparut un matin. Le flot qui avait amené César, le saisit de nouveau, et le rejeta sur d'autres rives, couvert de l'écume de la révolution. Bonaparte incarnait en lui la politique sombre, faite de manœuvres occultes. Il représentait l'autocratie dans tout ce qu'elle a de hideux. C'est avec ce principe ennemi de toute liberté qu'il forgea le poignard dont la France a supporté les coups. Quelle série de crimes! Attentats contre la liberté individuelle, attentats contre le droit des gens, attentats contre ce que tous respectent. Voilà pourquoi Bonaparte avait en horreur la République.

La République est, en effet, l'antithèse du césarisme. C'est une mère compatissante, qui veille à nos besoins avec une touchante sollicitude. Tour à tour elle relève les uns, soulage les autres, panse les plaies de celui-ci, console celui-là. Il n'est pas de cœur qui lui résiste, car elle est le baume qui ranime, la voix qui séduit, le sourire qui captive. Avec la République étayée sur la liberté sagement entendue, plus de ces cris d'angoisses comme en poussaient les esclaves romains. Semblable à un soleil ardent, elle distribue à tous ses rayons bienfaisants, et chacun participe à sa douce chaleur.

Sous l'empire, au contraire, il y avait deux poids et deux mesures. Aux uns la lumière, aux autres l'ombre. Et pas de réclamations possibles. A la moindre velléité de révolte, on entendait siffler, sur les épaules du peuple, le brutal coup de fouet de César.

Je ne saurais mieux comparer la chute de l'empire qu'à celle des Romains. Cette fin se justifie. Napoléon posait en César, il devait finir en César. Ce monde blasé, dégradé, pourri jusqu'à la moëlle, s'abîme dans ses propres vices. Les lémures lui ont creusé un tombeau. L'empereur y tombe, quand sa main affaiblie n'est plus capable de tenir la coupe. Les Saturnales romaines ne l'emportaient pas sur les folies de l'Hôtel-de-Ville. Le luxe inouï de la cour, luxe que soldaient nos deniers, représente en tout point celui des patriciennes et des matrones.

Longtemps le monde romain ne soutint sa fragilité que grâce au *panem et circenses*. Il en fut de même sous Napoléon. On éblouissait la foule, on lui jetait des fêtes en pâture, on la saturait de réjouissances publiques. Et pendant ce temps, le paupérisme croissait à vue d'œil.

Enfin, la dilapidation, le tripotage, produits par l'impureté de la cour, devenaient intolérables. Bientôt l'empire ne tint plus que par quelques fils. Les idées libérales agitaient le peuple, et le moment allait venir où, sous la majesté drapée dans le manteau de pourpre, on ne devait plus apercevoir qu'un fantôme escorté de spadassins.

II.

LIBERTÉ, ÉGALITÉ.

De l'abîme qui sépare le plébéien du patricien, étaient sorties les haines sourdes, sous lesquelles gronde la révolution. L'inégalité sociale érigée en système poussait le peuple à détester la noblesse ralliée à l'empire. Tout favori de la fortune était appelé aux charges privilégiées. De l'artisan ployé sous le faix, du travailleur rivé à la glèbe, il n'était point question. Etiez-vous riche, mais prévaricateur, l'empire acceptait vos services. Votre passé était-il odieux, on tenait ce détail pour infime, à condition que le Pactole débordât. C'est ainsi que la cour s'enrichissait d'une foule de Turcarets et de parvenus.

Parfois, un homme de talent se risquait dans les couloirs. Il venait exposer quelque projet, détailler une invention ; il avait pâli bien des fois sur le travail ; souvent son estomac délabré s'était ressenti de la faim ; mais l'espérance lui donnait des forces. Ne disait-on pas que Bonaparte encourageait les travailleurs? Oui, les travailleurs politiques, qui venaient lui apprendre à se débarrasser des républicains. Ceux-ci étaient bien reçus, mais quant aux autres !... Le valet répondait au pauvre diable : « Que viens-tu faire ici, maraud ? Se présente t-on devant Sa Majesté avec un habit usé jusqu'à la corde ? Arrière, manant, quand tu auras une lettre de créance, je t'annoncerai. »

Et le prolétaire s'en allait, tandis que les uniformes brillants, sous lesquels battaient des cœurs corrompus, entraient, le front haut, dans le cabinet secret.

Ce favoritisme, qui révolte, était pratiqué sur une large échelle. On le faisait même servir à la propagande.

D'anciennes familles de haute lignée n'avaient pas craint de se fourvoyer dans l'antichambre de ce Lucumon. La vieille noblesse, séduite par de trompeuses apparences, sous lesquelles se cachait une sombre réalité, plia le genou devant Napoléon, et le quartier Saint-Germain, abdiquant ses préjugés de vieille roche, envoya des transfuges à l'Empire.

Et que d'autres fascina Bonaparte, à compter de Dupin jusqu'à Prévost-Paradol ! Que d'humiliations ce captateur fit subir aux créatures qui se livraient à lui pour une poignée de banknotes ou un ruban rouge !

III.

FRATERNITÉ.

L'empereur se faisait passer pour un chrétien dévotieux, pratiquant avec ferveur les préceptes de l'Evangile et les devoirs de la religion. Mais alors pourquoi ses actes étaient-ils en opposition continuelle avec les règles tracées dans le grand-livre de la sagesse? Parfois, les officieux annonçaient, à son de trompe, que Sa Majesté avait communié avec une touchante componction ; puis le lendemain, paraissaient des décrets iniques, chassant de leur pays ceux qui avaient la prétention de vouloir dire la vérité. Que pensez vous de ces contradictions et de cet homme qui, après s'être repenti, la veille, de ses fautes, en grossit le nombre dès le lendemain ?

Avec la République, point de ces comédies honteuses et sacriléges. On pratique la fraternité d'une tout autre manière. Amis ou ennemis, tous sont nos concitoyens, tous, par conséquent, doivent être à l'abri des mesures coërcitives, dont les César usent si souvent.

Sous l'Empire, on ne connaissait que la fraternité de l'or, ce grand propulseur de la tyrannie.

Comme couronnement de l'œuvre, on avait les fausses conjurations, les complots imaginaires. L'empire alla plus loin encore. Il ne craignit pas de spéculer sur certaines consciences avilies, qui, tout en faisant de l'opposition dans les clubs, jouaient tacitement le jeu de l'empire.

Ceux-ci se laissaient incarcérer.

On prononçait contre eux les verdicts les plus durs. Après quelques jours de détention, une amnistie pompeusement annoncée, tirait ces comédiens de Mazas. Alors, c'était aux officieux à emboucher la trompette. « Voyez, disaient-ils, de quels sentiments fraternels l'empereur est animé ! Admirez sa « philanthropie » ! — Une fois l'effet produit, tout rentrait dans le silence, jusqu'au jour où l'empire craquant de nouveau, Bonaparte employait de nouveaux subterfuges pour l'étayer. Il fallait toute la franchise d'allures des bonapartistes, pour recourir à de tels expédients. Mais, comme le disait un des *famulus* de ce régime : « Cela n'altère en rien la beauté de l'œuvre ! » Certes, je le comprends, rien ne peut souiller ce qui n'est composé que de boue et de scories.

Jamais l'empire n'a suivi les principes fondamentaux des sociétés modernes, qui se résument dans la *liberté*, l'*égalité*, la *fraternité*, — hormis quand il s'agissait de ses partisans.

Quant aux adversaires de Bonaparte, ils ont toujours subi le triple joug de l'inégalité, de l'autocratie, du dédain insolent.

IV.

ILLÉGALITÉS.

La *santa casa* officielle s'offensait de ce que certains écrivains accusassent l'empire. N'était-ce pas commandé par l'évidence des choses, et ne faisait-on pas œuvre de bien, en soulevant le voile? Procédons par induction, et chacun comprendra. Le gouvernement impérial était fondé sur l'illégalité, ayant pour base un parjure. Aussi, au premier réveil de l'opinion, cette souveraineté éphémère, aux fondements factices, devait voler en éclats. Bonaparte, en effet, est parti plus mauvais qu'à son arrivée. Pour justifier un mensonge, il faut en ourdir d'autres. Lorsqu'on a manqué la voie des aveux, toute explication loyale devient impossible. Le mensonge ressemble à ce terrain vaseux qui attire, et ne relâche jamais. Telle est l'histoire de l'empire. Napoléon ne pouvait inventer que des arguments spécieux et trouver des soutiens de la pire espèce.

C'est en s'acoquinant avec des conspirateurs qu'il rêva de mettre la France à la torture. Bons chiens chassent de race, dit-on. Les limiers de Bonaparte avaient laissé leur honneur à trop d'épines pour ne pas connaître tous les métiers interlopes. Embrouiller les fils d'un complot, travailler dans l'ombre, rendre les âmes vénales, tel était l'objet de leur mission. Mais il n'est si belle besogne qui ne réclame des fonds.

Bonaparte, sans sou ni maille, éconduit de toutes les Cours, avait fort à faire. Aussi, ces difficultés ne furent point dissimulées. On tint conseil, chacun reconnut qu'il fallait de l'argent, et beaucoup d'argent.

Il danaro e un compendio del poter umano

C'est le ressort de la puissance humaine.

L'obstacle fut enfin vaincu. Comment ces individus réussirent-ils à faire recevoir leur signature? Quel fut l'homme assez confiant pour leur donner l'or dont ils avaient un si pressant besoin? l'histoire, jusqu'aujourd'hui muette à ce sujet, nous l'apprendra peut-être un jour.

La campagne débuta tristement. Deux insuccès coup sur coup. Tout d'abord, notre héros parvint à s'échapper, mais la seconde fois il fut victime de son ambition. Malgré l'appétissant morceau de lard dont on a tant parlé, l'aigle refusa de tendre le bec, et le peuple, lui aussi, ne voulut pas mordre à l'hameçon. Cette figure jaunâtre, blême, ternie, n'inspirait qu'une médiocre confiance.

Il passa donc en jugement. Grâce à un avocat célèbre, il fut gracié. On lui donna le fort de Ham pour prison. Pendant un certain temps, l'aigle est calme, mais un beau matin, ennuyé de faire sans cesse des tours et des détours dans cette cage étroite, il s'enfuit, au grand ébahissement des gardiens.

Quelques années après, la Révolution de 1848 lui permet de rentrer en France. Voilà l'ennemi dans la place.

On sait que le nom de Bonaparte avait laissé partout les souvenirs les plus vivaces. Chacun racontait ses exploits au coin du feu entre la légende de l'étoile et l'histoire des mille

et une batailles célèbres. De plus, Charles X et Louis-Philippe, en montrant la République comme un régime exécrable, faisaient la partie belle au descendant du « *petit caporal.* » Ils fourmillaient encore dans les campagnes, ces médaillés de Sainte-Hélène, débris glorieux de guerres terribles, pour lesquels l'*empereur* était un Dieu. Eblouis par le nom derrière lequel s'abritait un astucieux, ils oublièrent toute prudence et se rallièrent à lui.

C'est alors qu'il eût fallu lui arracher son masque de scélératesse. La France aujourd'hui ne serait pas réduite à l'impuissance. A peine arrivé, il se porte hardiment candidat à la présidence. Les proclamations ruissellent sur tous les points du pays, les circulaires inondent les campagnes.

— Citoyens, disait Morny, souvenez-vous du grand Napoléon ! C'est le même courage, le même génie ! Et Fialin ajoutait : — La patrie a besoin d'un homme qui joigne aux qualités du cœur, des talents politiques. Or, celui-là est né pour votre bonheur. Je l'affirme et je m'en porte garant.

Pendant plusieurs mois, ces clichés que l'*Ordre* et le *Pays* emploient de nouveau, s'incrustèrent dans les journaux. Enfin, l'heure du vote sonna. Endormie par ces écrits fallacieux, la France acclama Bonaparte. Peut-être crut-elle bien faire ! Hélas, elle achetait à ce conspirateur le poignard du 2 décembre, et l'épée de Sedan.

Il jura donc fidélité à la République.

. . . .

Un matin de décembre, la France fut stupéfiée. Napoléon venait de renverser la République de son propre chef. A l'heure de minuit — instant connu des escrocs, — on avait mis en arrestation les membres de l'Assemblée. Abdiquer leurs opinions, ou traiter avec César, telle était l'alternative. Quelques-uns acceptèrent ce méprisable compromis. Les autres refusèrent.

Peu de jours après, l'Empire était fondé.

Il s'élevait sur la République meurtrie, sur la liberté vaincue, tandis qu'au lointain, un navire conduisait les membres de l'opposition à Londres, ou à Lambessa.

V

Officieux et officiels.

Ce n'était plus le citoyen Bonaparte, mais *Sa Majesté Napoléon III*, *empereur des Français.*

Napoléon venait de commettre un crime. De ce jour, l'histoire le cloua au pilori. Une exclamation de douleur, mêlée de rage, s'éleva de toutes parts. Les journaux flétrirent cette conduite infâme. Des écrivains lancèrent des réponses, quelques députés firent acte de protestation.

Mais bientôt ce tapage cessa comme par enchantement. On avait chassé les uns, acheté la conscience des autres. Alors commença cette série de répressions que la plume ne saurait décrire. Il fallait vendre son libre arbitre, ou garder le silence. C'est ainsi que nombre de feuilles indépendantes moururent d'inanition, quand le *Pays*, le *Napoléonien* et le *Constitutionnel* brillaient du plus vif éclat.

Pour donner carrière à la cupidité, Napoléon rouvrit le *temple du sommeil.* Jadis, on l'appelait la chambre des pairs; cette fois, on inscrivit sur le frontispice le mot *Sénat*.

Mais encore fallait-il des sénateurs pour le peupler. Napoléon tenta la noblesse. Trente mille francs à qui veut nous applaudir. Dupin tendit la main, et la bande des abâtardis imita ce digne exemple.

Le marché était conclu.

Il fallait enfin une Assemblée nationale. On procéda autrement : gardes champêtres, agents de police, adjoints, maires, instituteurs, préfets, sous-préfets, employés de toute sorte, furent conviés à cette comédie officielle. Il n'y eut donc, pour ainsi dire, que des créatures de l'empire qui furent élues. Aussi, quel triste rôle la majorité n'a-t-elle pas joué sous l'empire !

A l'ouverture des Chambres, les rares membres de l'opposition demandèrent au souverain un compte sévère de sa conduite. Rouher répliqua :

— Napoléon! je le sais pur et sans tache! Nest ce pas, Messieurs? Et les trois cents officiels applaudirent à outrance.

Mais, reprenait le préopinant, vous vous êtes joué de la constitution, vous avez violé la loi.

— La loi? répondait Rouher. N'est-ce pas Napoléon qui la fait, dites-moi, messieurs!

Et les mercenaires de l'empire reprenaient de plus belle.

Ce manége dura jusqu'en 1870.

VI.

SITUATION FINANCIÈRE DE PARIS.

On connaît assez l'homme, pour qu'il soit nécessaire d'aller plus loin ; sondons plutôt les actes de ses fidèles serviteurs, et jetons tout d'abord un coup d'œil sur la situation financière de Paris, que Bonaparte appelait le berceau de la dynastie napoléonienne.

Si l'on avait demandé à un habitué de la cour, quelles étaient les qualités requises pour compter comme bonapartiste fervent, Haussmann aurait pu répondre : « Il suffit d'être prodigue. » Personne mieux que lui, en effet, n'a su dépenser les ressources de la caisse municipale.

Napoléon avait dit au préfet de la Seine : « Voilà la capitale ; elle est à toi. Accumule les richesses artistiques, érige des statues, perce des boulevards, aligne des chaussées, édifie des théâtres, construis palais sur palais. D'ailleurs, tu es *censé* agir dans l'intérêt général. Libre donc à toi d'opérer telles réformes que tu jugeras convenables. Fais beaucoup, et fais bien. Je veux que la vieille Lutèce des Bourbons disparaisse sous le nouveau, sous le magnifique Paris des Bonaparte.

— Sire, vos ordres seront exécutés.

Haussmann exécuta la courbette réglementaire, et s'en alla à la préfecture, la pioche sur l'épaule. A nous, les architectes ! cria-t-il d'une voix tonnante ; à nous maçons, peintres, sculpteurs. On se précipita de toutes parts dans l'antichambre, et la cohorte dévastatrice fut formée en un clin d'œil. Tout ce qui avait quelque cachet antique tomba, et la monotone ligne droite, cet idéal d'Haussmann, régna bientôt partout. Mais si les boulevards s'allongeaient rapidement, la dette grossissait plus vite encore.

Plus d'argent, plus de rues, dit un matin Haussmann, en contemplant la caisse d'un œil piteux. Mieux vaut mourir que de ne rien abattre. Il emprunta donc, dépensa, remplit les coffres et les vida encore. Enfin, grâce à l'ordre qui présidait dans cette administration, les ressources ne suffirent plus. Pour comble de malheur, l'opposition demandait un compte exact des dépenses. N'allait-elle pas, la sotte, jusqu'à refuser l'emprunt dont M. Haussmann avait si grand besoin.

Au diable les importuns, pensa le préfet dans sa suprême sagesse. Quand la ville serait grevée de quelques misérables milliards, voilà, certes, une belle affaire! Sont-ils sots, ces députés ! Si je leur bâtis des palais, c'est pour les mieux abriter. Au reste, s'ils ne sont pas contents, je les envoie au diable : nous avons le 2 décembre derrière nous.

Cependant les députés veillaient. Un beau jour, ils interpellent Haussmann :

— Combien devez-vous ?

Silence solennel.

— Combien devez-vous ?

Silence de plus en plus grave !

Hélas ! il était enfin arrivé le quart d'heure de Rabelais.

Pour la première fois, le préfet de la Seine perdit contenance.

Tel fut son trouble qu'il ne put articuler un mot de réponse.

On comprit ce mutisme ; nul ne parla de folles dépenses. Car il ne faisait pas bon de s'en prendre aux hommes de l'Empire. Mais l'orage redoubla de fureur, les murmures grandirent, et, pour sauver une situation compromise, Napoléon renvoya son commensal.

Quel dommage ! auraient pu dire ses confrères. Il dépensait si bien !

J'espère qu'à sa dernière heure, M. Haussmann, sentant la mort le frôler de son aile, dira, en songeant au bataillon destructeur qu'il a commandé :

Hélas ! moi aussi, me voilà donc démoli !

VII.

LA POLICE SECRÈTE.

A ces cinq fléaux : — l'empereur, — le cumul, — les emprunts, — les dépenses inutiles, — le despotisme, — s'ajoutait une sixième plaie : la police secrète.

Que de fois ne les avons-nous pas rencontrés, ces oiseaux de nuit et de malheur ! Raser les murs, sonder l'ombre suspecte, flairer la chair des républicains, telle était leur mission. Aux chefs incombait le soin de surveiller l'aristocratie. Chose ignorée généralement, c'est que plusieurs d'entre eux, entretenus par le *high-life* parisien, émargeaient sur les fonds secrets. Par une habileté infernale, Piétri avait échelonné ses factionnaires à toutes les marches de l'ordre social. On les heurtait dans les cafés comme dans les théâtres, aux cercles comme aux réunions publiques. Quelle était leur extraction ? qui les avait produits ? Ils sortaient des ténèbres, pour rentrer dans l'inconnu. Installés à votre table, ces messieurs tiraient parti de votre franchise pour la plus grande gloire du préfet de police. Et le citoyen honnête, mais indépendant, devenait la victime de son hôte ! Et nous étions mordus par le serpent que nous avions réchauffé ! Cet abus de la confiance restera comme l'accusation la plus terrible que l'on puisse formuler contre l'empire. Pendant qu'on surprenait indignement nos secrets, le préfet de police festoyait chez l'empereur, dont il était l'intime ami, je devrais dire le complice.

Quel couple ravissant que Piétri et Bonaparte fumant des panatellas sur la terrasse de Saint-Cloud.

Couleuvre et vipère entrelaçant leurs anneaux.

Défions-nous donc de ceux qu'a gorgés l'or de César. Quelques-uns chantent, d'une voix éraillée par les orgies bonapartistes, les bienfaits du régime actuel. Or, qu'on le sache bien, c'est avec la plume d'or, prix de leurs délations infâmes, qu'ils tracent ces alinéas laudatifs.

Ils étaient nombreux, les journalistes vendus au pouvoir. Tous recevaient le denier de la conscience ternie.

La honte poursuivra ces hommes, si toutefois tout sentiment moral n'est pas éteint chez eux. Tant de gens les montreront au doigt, qu'un jour peut-être, abattus sous le mépris public, ils exciteront notre commisération.

Il faut laisser au temps le soin de la vengeance, car c'est le meilleur des justiciers.

VIII.

LES PENSIONS.

Etait-il une anomalie plus criante que la répartition des pensions ? De temps à autre, on trouvait les lignes suivantes à l'*Officiel* : « La pension de Mme de X..., veuve du maréchal ***, est liquidée à dix mille francs. » Puis, un peu plus bas : « Celle de M. B..., instituteur, (45 ans de services), est liquidée à 500 francs. Ainsi, l'homme dévoué à l'instruction des masses était réduit, pour ainsi dire, à la misère, tandis que la veuve d'un grand dignitaire, immensément riche, touchait d'inutiles gratifications. Si cette personne s'était trouvée dans une position critique, j'aurais compris qu'on l'indemnisât avec tant de largesse, mais la somme annuelle dont l'Etat la faisait bénéficier, tout en tarissant nos ressources financières, ne lui servait qu'à acheter de nouveaux diamants.

Le récit suivant expliquera mieux que toute argumentation le côté déplorable de ce système.

... C'était à Paris, par une froide soirée de décembre 18..., Telle était la rigueur de la saison, que l'on ne rencontrait, dans les rues et de loin en loin, que de rares passants attardés, rentrant à la hâte au logis. Ce n'est point dans les salons du faubourg Saint-Germain que je prierai le lecteur de se transporter. Regardez là haut, au cinquième étage du boulevard Montparnasse, une lueur pâle et vacillante, c'est une mansarde qu'elle éclaire.

Là, trois êtres humains. Sur un grabat infect, gît un ancien instituteur qui, après avoir enseigné pendant quarante ans, a obtenu quatre cent cinquante francs de retraite. Depuis cinq ans, il est paralysé, et pour donner le pain à une femme et à quatre enfants, est-ce assez de la maigre somme que l'on ose appeler en termes officiels « digne récompense d'honorables services? »

A côté de cet homme, tremble de froid une femme, au visage amaigri par la souffrance, et qui présente en vain à un enfant son sein tari. Rien de lugubre comme le moribond qui râle, près de ce chétif petit criant la faim.

Bientôt le malade pâlit de plus en plus. Quelques tressaillements agitent le drap troué, et tout est fini.

..... Quelques heures se sont écoulées. La veuve prie en sanglotant, et l'enfant regarde d'un œil singulier le cadavre de celui qui le laisse orphelin. Mais qui frappe à la porte ? Un ami? Hélas! la misère ne les connaît point. Ah! je comprends. Place, place, c'est la loi. Deux recors, en effet, laissent apercevoir leur profil lugubre par l'entrebâillement de la porte. Ils entrent, examinent, inventorient, et, après avoir estimé les deux chaises cassées, la table et la commode vermoulues, se retirent sans dire mot.

Le soir, on enterrait le prolétaire. La cérémonie achevée, on vit une femme mal vêtue sortir du cimetière, emportant un enfant dans ses bras. Elle n'avait plus rien, la pauvre veuve, pas une obole, pas un denier. Les créanciers avaient pris ce qui restait à la mansarde, dont le propriétaire l'expulsait. Il fallait que l'infortunée spéculât sur son corps ou tendît la main. Elle mendia. Mais les bourses restaient fermées. Telle grande dame qui frôlait le pavé de la robe offerte par son amant n'avait pas de monnaie. Tel opulent parvenu répondait brutalement : Travaille, canaille !

....

Pendant que la malheureuse débilite sous une porte-cochère, la veuve d'un maréchal passe en victoria. Elle daigne aller elle-même percevoir son premier quartier de pension. Ici la loi met des gants. Les employés sont d'une politesse exquise. C'est à qui ramassera l'éventail de madame. Avec une pauvre femme, on ne doit pas se gêner, mais pour une personne qui étale tant de grâces, et dont les topazes sont si brillantes, il faut employer des formules édulcorées. Peu importe si la malheureuse a de la vertu, et si ce sentiment est rayé du cœur de la grande dame. Sous l'Empire, l'éclat de la pureté était vaincu par l'éclat des diamants.

....

Belle, éblouissante et fière, la maréchale reçoit les billets de banque, sans daigner accorder un geste de remerciement au bureaucrate qui s'incline devant elle. En sortant du ministère, elle remarque une foule considérable, agglomérée sur les quais.

— Qu'est-ce que cela ? demande la comtesse à son cocher.

— Rien, madame, une mendiante, je crois, qui vient de se jeter dans la Seine, avec son enfant.

— Bien, bien, quelque débauchée, une femme de rien !

C'était la veuve infortunée qui, dans un accès de désespoir, oubliant le Dieu qui veille à nos besoins, avait demandé un remède au suicide....

— Allons, Joseph, pressez les chevaux, et ne vous arrêtez pas pour si peu de chose, reprend la comtesse ; vite, j'ai réception ce soir !...

IX.

LA DETTE ET LES FINANCES.

Napoléon nous a quittés en laissant une dette consolidée de douze milliards, une dette flottante de un milliard, un budget de trois milliards. Il va sans dire que je ne parle pas des dépenses de la guerre dont il est l'unique auteur. En semant l'or à pleines mains, Bonaparte amena la soif des jouissances, qui compte à juste titre comme l'une des causes de notre démoralisation. Pour payer la police, fertiliser les candidatures officielles, il fallait des monceaux d'or. Napoléon fit appel au pays, qui lui versa trop généreusement ses épargnes. Le Moloch engouffrait tout. C'était à croire que le tonneau des Danaïdes servait de coffre-fort au ministre des finances. On avait beau jeter, jeter encore, jeter toujours, la cassette était vide à toute heure. Mais qui ne comprendrait pas cette effrayante prodigalité? La majesté impériale exigeait d'énormes frais de représentation. On dépensait 100,000 francs dans une soirée, et un million pour le bal des souverains.

Quelquefois, la mère de famille, qui venait d'écouler son dernier matelas au mont-de-piété, était éclaboussée par des équipages splendides. C'était Mlle Bellanger ou miss Howard qui allaient discourir avec Bonaparte. Ce n'était donc pas assez qu'une Pompadour eût souillé le palais national, il fallait encore que les femmes du demi-monde vinssent traîner leur jupe tachée dans les salons impériaux. Et nous, taillables et corvéables à merci, nous soldions ces débauches. Chaque année, l'impôt devenait plus lourd, à mesure que l'empereur épuisé, recherchait de nouvelles satisfactions. La dégradation du chef avait amené celle de son entourage. Plus les charges devenaient pesantes, plus aussi l'appétit des grands dignitaires augmentait.

D'une part, on refusait un léger supplément de solde à un instituteur malheureux, à un pauvre employé ; de l'autre, on créait mille sinécures plus inutiles les unes que les autres. Tel homme avait-il rendu quelque honteux service par ses délations ? on le nommait inspecteur d'un établissement dont la première pierre n'était pas encore posée. Tel autre avait-il rampé avec grâce ? on instituait pour lui une place nouvelle. Il en était de même dans les ministères, où les commis occupés du matin au soir à tailler leurs plumes se chiffraient par centaines. Au lieu de choisir des hommes zélés, le ministre traînait ses créatures à sa suite, nommant celui-ci chef de bureau, celui-là secrétaire général.

Je n'entame pas le chapitre des concussions. Les hommes du 2 décembre ont su enfouir les pièces compromettantes avec un soin si méticuleux, que jusqu'alors, rien n'a été découvert.

Cependant il nous semble impossible que des méfaits n'aient pas été commis. On peut dépenser beaucoup, mais l'excès a été trop abusif, pour qu'il ne nous fasse pas croire à de nombreux tripotages. Attendons. Le voile se soulèvera peu à peu. On apprendra la vérité tôt ou tard. Il importe d'ailleurs que le peuple soit instruit. C'est le meilleur moyen de le mettre en garde contre de nouveaux coups d'Etat. Si, plus tard, on voulait nous imposer encore un Napoléon, il suffirait de montrer le Grand Livre de la dette publique, l'état des fonds secrets, les annales de l'empire, et de dire au prétendant :

« Voilà nos plaies. C'est un Bonaparte qui les a faites. Nous ne voulons pas qu'un Napoléon les rouvre. »

X.

DE L'ARMÉE.

En flattant l'armée, l'empereur s'assurait son concours pour les cas de révolte ou les coups d'Etat. Dès son avénement, il s'empressa de fonder des distinctions honorifiques et cette fameuse caisse de la dotation, dont les ressources passèrent on ne sait où ; peut être ont-elles pris le même chemin que le budget de la guerre. Mais en même temps, le traitement des maréchaux était triplé, et l'on donnait à M. Vaillant une solde de 250,000 francs. Deux cent cinquante mille francs pour passer quelques revues et arroser des lauriers, c'est un peu cher. Mais aussi, quels agréables favoris que nos généraux ! Comme ça menait le cotillon aux Tuileries ! A la bonne heure, on pouvait parler de notre état-major ! Hélas ! où étiez-vous Jean-Bart et Drouot, avec votre bonhommie et vos uniformes troués ?

Un jour, à l'ambassade de Prusse, un attaché militaire de Berlin dit à un journaliste officieux :

— Vos généraux, monsieur, ce sont des dandys !

— Des dandys ? exclama l'autre.

— Oui, je le repète.

— Et vous ne leur accordez rien ?

— Oh ! pardon !... dit le tudesque avec ce sourire cruel qui glissait sur les lèvres de Blücher ou de Falkenstein, lorsqu'ils ordonnaient quelque pillage ; — ils sont doués d'un talent inconnu en Prusse.

— Voulez-vous dire que ce sont des théoriciens consommés ?

— Non, monsieur.

— Alors, vous les tenez pour ferrés sur la stratégie ?

— Point du tout.

— Et qu'est-ce donc ?

— Je les tiens pour les premiers danseurs du monde, le compte-rendu des soirées officielles en fait foi.

Ce n'était que trop vrai. Aussi, cet Allemand pourrait dire aux généraux, passés maîtres dans l'art chorégraphique :

« Vous dansiez en soixante-dix,
« Eh bien ! chantez maintenant. »

L'empire, qui recherchait l'effet par dessus tout, perdit son temps et notre argent à transformer l'uniforme militaire. Chaque année apportait de nouveaux changements : tantôt le képi était allongé, le schako diminué, la tunique raccourcie ; tantôt, par un nouveau caprice, on reprenait l'uniforme de la veille; et, pendant que les comités passaient de longues journées à discuter sur un bouton, sur une passementerie, sur la largeur d'un pantalon ou la couleur d'une épaulette, nos ennemis, riant de ces enfantillages, travaillaient avec ardeur, dans l'espoir de provoquer notre chute.

Et il n'aurait pas fallu ridiculiser ces généraux. Les gens de l'empire nous auraient prouvé que l'honneur de la France dépendait de l'uniforme militaire.

De plus, en laissant les soldats oisifs, l'empire a détruit la discipline, qui ne se conserve forte que par le travail.

L'indolence amène le vice à sa suite, fait prendre le métier militaire en horreur et jette le soldat dans la débauche.

Je ne veux pas dire que notre armée n'était pas courageuse; loin de moi une pareille pensée, mais si, au lieu de faire la vie douce aux chefs, on les avait astreints, comme en Prusse, à six ou huit heures de travail par jour; si l'on avait reconnu obligatoires la connaissance des langues étrangères, il y aurait eu parmi les troupes une noble émulation.

Pourquoi, après nos premières défaites, le découragement s'empara-t-il des soldats? Parce que l'armée reconnut bientôt que ses chefs étaient dépourvus de talent. Certes, on se bat avec beaucoup moins d'ardeur sous les ordres de gens ineptes. Le bon chef fait les bons soldats. On nous cite sans cesse les généraux du premier empire. Que ne s'étaient-ils formés à leur école, les Pajol, Failly, Lebœuf et confrères? Au lieu de s'énerver dans le sybaritisme, ils travaillaient, ils couchaient sur la dure, ils s'instruisaient chaque jour, croyant, avec raison, que, dans l'art de la guerre, il y a toujours quelque chose de nouveau à apprendre. Les Davoust, les Ney, les Drouot ne prenaient pas le café pendant que leurs soldats combattaient. L'épée à la main, on les voyait tournoyer dans la mêlée, donnant l'exemple à leurs troupes. Et on remportait victoires sur victoires, et les forteresses réputées imprenables étaient emportées de vive force, et les aigles se promenaient de Vienne à Moscou, de Moscou à Berlin, de Berlin à Madrid, de Madrid à Florence, et l'on taillait en pièces les armées coalisées, les Anglais, les Espagnols, les Russes, les Autrichiens, les Italiens, les Prussiens, les Danois, les Suédois, les Hollandais, les Belges!.

Et c'est ainsi que nos pères ont été à Berlin !

Les bonapartistes, dont le sophisme est l'arme la plus dangereuse, accusent les républicains d'avoir demandé maintes fois la diminution du contingent ; je ne sais trop ce que signifie ce reproche injuste : puisque l'empire voulait la paix à tout prix, pourquoi la France était-elle continuellement sur le pied de guerre ? Il y avait là une contradiction flagrante, et l'empire démentait ses actes.

— Vous nous parlez sans cesse de calme et de tranquillité, disaient à la Chambre les membres de l'opposition, alors, désarmez.

— Mais si un conflit éclatait ?

— Vous désirez donc la guerre ? reprenaient les républicains. Tous les *casus belli* peuvent s'arranger par voie diplomatique.

Le ministre de la guerre, ce major qui s'est illustré sur les bords du Rhin, gardait le silence, laissant à Cassagnac le soin de fustiger les démocrates.

Or, en résumé, le ministre mentait impudemment et publiquement.

Les fonds du budget de la guerre étaient passés dans la folle aventure du Mexique.

La garde mobile manquait de chefs, d'armes et d'instruction.

L'artillerie était défectueuse sous tous rapports.

Le cadre des régiments incomplet.

L'intendance ne connaissait pas le premier mot de son service.

Malgré cela, il s'est trouvé un bonapartiste qui, à la face

de trois cents représentants et de la France entière, déclara et fut presque prêt à jurer : « *Que tout était prêt !* »

Jugez donc, par cet échantillon,
Du reste du bataillon.

XI.

NAPOLÉON.

Triste vie, triste fin, ces deux mots résument le règne de Bonaparte. Quel héritage il nous a transmis ! quel bilan ! Des dettes et de la honte ! Avant 1852, la France tenait la tête des nations européennes; maintenant on daigne à peine nous demander un avis. Autant un cadavre que l'on repousse du pied. Tel est le résultat de la politique égoïste inaugurée par Bonaparte, Rouher, et son émule, M. Deux-Janvier. De ce prestige qui entourait la France, il ne reste rien. Encore est ce un bonheur que la République ait pris la place de l'empire. Ce régime bonapartiste ne nous a abrutis qu'à moitié. Il y a remède. Si, au contraire, Napoléon nous avait conduits vingt années de plus, la France fut tombée dans les derniers bas-fonds de l'ilotisme.

Sous le maquillage de la courtisane, apparaît toujours l'érosion d'une lèpre honteuse. Une fois que le talc ne mord plus, toute séduction est impossible. La bacchante rompt avec son métier interlope, pour prendre le chemin de l'hôpital. A votre tour, chirurgiens, scalpez, fouillez, sondez !

De la brillante étoile qui fascinait le boulevard, il ne reste qu'un rayon obscur. C'est à peine si les Esculapes osent palper ce corps couturé de plaies.

Puis-je mieux comparer l'empire qu'à cette Messaline en déconfiture ?

Pareil à ces bayadères au jupon souillé, il était venu promener sa souquenille sur le sol français. Couvert d'un vernis brillant, l'Empire avait subjugué notre patrie et fait d'elle un cadavre, *perindè ac cadaver*. Nous croyions adorer des dieux, hélas ! pareils aux Philistins, nous n'adorions que des ânes. C'est ainsi que, pendant vingt années consécutives, nous nous débattîmes dans le filet du Deux-Décembre.

Nous avions pris le clinquant pour l'or, la proie pour l'ombre, le strass pour le diamant, la fumée pour la gloire. Aujourd'hui que la République a déshabillé Napoléon de son prestige factice, tout s'écroule avec un terrible fracas. Masques, faux-nez, travestissements, tout tombe, tout disparaît. La vérité nue reste seule, pour nous faire reculer d'horreur. Eh quoi ! c'est là l'édifice de Bonaparte ? Ces débris vermoulus, ces taches sanglantes, ces marques odieuses, formaient la partie intrinsèque de l'œuvre ! Ces comparses, ces figurants grimés de mille manières ont été pris au sérieux par nous !

Honte, trois fois honte sur le peuple dont le sens moral est tellement abaissé, qu'il ne distingue pas le comédien de l'homme sage.

Et quel déluge d'invectives tombait du ciel officiel, quand les démocrates essayaient de dévoiler ces turpitudes !

Aujourd'hui que les ruses sont découvertes, que les trucs à l'usage des bonapartistes ont cessé d'illusionner les ignorants, on voit à quels hommes nous avions affaire, et combien terribles ont été les suites de notre aveuglement.

XII.

L'AGIOTAGE.

L'empereur avait plusieurs cordes à son arc. Quand les fonds lui manquaient, il trouvait mille moyens de s'en procurer, en dehors des formes légales. La légalité ? Il y a longtemps que ce mot est biffé du vocabulaire bonapartiste. C'est de l'hébreu pour les habitués de Chislehurst. Aussi ces araignées surent-elles nous prendre dans un inextricable réseau d'intrigues, sans possibilité d'échapper aux suçoirs qui s'attachaient à nous.

Voici quelle était la méthode :

Un industriel quelconque, qu'il eût fait banqueroute ou habité Mazas — ceci ne fait rien à la chose — lançait une entreprise financière. Les feuilles officielles ouvraient leurs colonnes à la réclame, et grâce au patronage de bonapartistes influents, une certaine somme se trouvait réunie. Il était dit qu'on roulait sur un capital de cent millions, et, en réalité, la souscription n'avait pas atteint le quart de ce chiffre ; de là, dépréciation subite des valeurs. C'est alors que l'empire, toujours alléché par la vue de l'or, faisait coter ces mauvaises valeurs à la Bourse, moyennant un pot de vin considérable. Rassurés, les spéculateurs naïfs achetaient ; puis, une fois le pot aux roses découvert, il ne leur restait en main que des papiers sans valeur aucune.

Comment, diront quelques-uns, les personnages haut placés se fourvoyaient-ils en pareille compagnie ? Mais puisque le Maître donnait la main à des filous, les valets pouvaient bien en faire autant. C'est au taux suivant qu'on achetait leur concours : président du conseil d'administration, 25,000 fr.; président du conseil de surveillance, membre, secrétaire du conseil, 20000 fr. Fascinés par l'étalage pompeux de l'annonce, et surtout par cette garantie de gens soi-disant honorables, le paysan, l'ouvrier, qui avaient réuni quelques économies, les jetaient, non pas dans la caisse, mais dans la poche des administrateurs. Un beau jour, on réunissait les actionnaires, mais comme ils étaient peu nombreux, le chef de claque payait une cinquantaine de parasites pour les représenter. Dès le lendemain, les journaux financiers, achetés d'avance, rendaient compte de ces opérations frauduleuses en termes brillants.

Voulait-on savoir, *de visu*, ce qui se passait dans ces pandémoniums. Presque toujours, quand vous arriviez, le directeur était sorti; le lendemain et les jours suivants, c'était la même chose. On avait donc bientôt la preuve que ces gens étaient des escrocs. Au reste, parmi les noms aristocratiques qui ressortaient en lettres majuscules sur la première page des prospectus, un grand nombre était souillé depuis longtemps; mais les amorceurs s'inquiétaient bien de cela. Une particule nobiliaire et une brochette de décorations, voilà tout ce qu'il faut pour faire des dupes.

Ces gentilshommes ruinés et déclassés avaient, à défaut d'honneur, une belle prestance jointe à un aplomb imperturbable. Ils répondaient si bien à vos questions, ils savaient se donner un air loyal avec tant d'astuce, on les voyait entourés de tant de livres et de papiers que les imbéciles enthousiasmés se retiraient en disant : Au moins ceux-là travaillent et surveillent les opérations de leurs propres yeux ! Ah ! s'ils avaient su que sous les deux ou trois pièces d'or couronnant d'énormes piles, il n'y avait que des sous, et que ces in-folios étaient vierges de tous calculs !.....

Il fallait pourtant faire face à tout, aux jours d'échéance. Or, on opérait de la manière suivante :

La semaine précédente, le gérant vendait une quantité considérable d'actions, à quelque prix que ce fût. Il faisait toujours en sorte que les rentrées surpassassent le chiffre des sommes dues. Alors, non-seulement les bailleurs de fonds touchaient les intérêts, mais de plus il leur était alloué 10 ou 20 %. On appelait cela la répartition des bénéfices. Comme on l'a vu, il n'y avait au contraire qu'un excédant de dépenses, et la fraude était bien réelle. Peu de jours après, il se manifestait une hausse inévitable, et c'est ainsi qu'à l'aide de ces roueries on marchait un an ou deux, mais rarement la Société atteignait cet âge. Enfin, lorsque ces subterfuges ne pouvaient plus tromper personne, une fois l'arsenal de trucs et de ficelles vide, la bombe éclatait tout à coup ; il restait un certain nombre de prêteurs sur le carreau, et le capital s'envolait en fumée.

Personne n'a été mis en jeu ici. J'aurais pu le faire, car les directeurs de ces compagnies, soutenus par l'empire, sont millionnaires, lorsque leurs victimes viennent peut-être mendier à la porte de leurs hôtels, bâtis avec le produit du vol.

Hier encore, un procès scandaleux était intenté à l'une des sociétés financières les plus aimées du gouvernement bonapartiste. On connaît le résultat : au passif, des centaines de millions ; à l'actif, zéro.

Et, chose singulière, les chefs de cette société possèdent des rues entières, des châteaux, des fermes, des domaines dans plusieurs départements!

Si je voulais m'étendre plus longuement sur cette question, je parlerais de l'emprunt mexicain, mais l'histoire en est trop connue. D'ailleurs, à force de fouiller dans ces épaves, nous sommes écœurés. Si encore quelque beau côté nous apparaissait; si ça et là une ombre de vertu effaçait la mauvaise impression produite par cet amas de vices, mais rien, rien, rien. De quelque côté qu'on envisage les choses, sous tous les rapports et pendant vingt années consécutives, au point de vue politique comme au point de vue social, au point de vue moral comme au point de vue religieux, l'Empire s'est traîné dans la boue, sortant d'une ornière pour retomber dans l'autre, toujours vil, toujours cynique, jusqu'à ce que la malédiction de Dieu marquât l'homme fatal au fer rouge du châtiment.

XIII.

CORRUPTION.

Tant de scandales devaient nécessairement influer sur les mœurs de la nation. Le peuple imita son chef, et se lança dans tous les désordres. A peine l'Empire était-il fondé qu'aussitôt on remarqua un certain affaissement dans les mœurs, un mépris de plus en plus grand pour la pudeur. Dès que Bonaparte, en donnant l'exemple du scandale, lâche tout frein, les masses deviennent mauvaises, et le parti des honnêtes gens ne forme plus qu'une honteuse minorité. D'ailleurs, afin de mieux détromper les rares imbéciles qui conservent encore quelque amour pour ce régime malfaisant, nous allons citer des exemples et mettre en avant des chiffres. Contre la statistique, il n'est pas d'argument redoutable.

De 1852 à 1870, le nombre des prostituées augmente graduellement de 100,000. Je parle seulement de Paris et des femmes inscrites. On peut ajouter à ce chiffre vingt mille dames du demi-monde en l'honneur desquelles la noblesse française, dégénérée, brûle son plus *pur* encens. Et que d'autres, mères de famille, qui se livraient dans le but de procurer du pain à leurs enfants ! Combien de femmes spéculaient sur leur corps afin de résister à la misère. Faut il ajouter que de grandes dames violaient la foi conjugale pour un collier de diamants, pour avoir de quoi éblouir et vaincre leurs rivales dans les soirées !

Loin de mettre une barrière à ces débordements, l'Empire les encourageait. C'était le moyen de détourner la jeunesse des luttes politiques. De plus, les filles de joie étaient soudoyées par la police. Sous leurs étreintes passionnées, on révélait des secrets que Piétri connaissait le lendemain. Cet ignoble système rappelle les moyens non moins odieux employés par Hébert. Ses bouquetières célèbres espionnaient en venant offrir des fleurs, donnaient mille détails sur les habitudes des propriétaires soupçonnés, et envoyaient un citoyen à la guillotine souvent sur des dénonciations mensongères. L'Empire n'alla pas aussi loin, je le sais, mais s'il lui eût été possible d'agir autrement, il l'aurait fait. Bonaparte aurait pu dire en imitant un mot fameux : « Si le parti républicain n'avait qu'une seule tête, je la trancherais d'un seul coup. »

En même temps que ces bandes de femmes devenaient plus nombreuses, les accusations d'adultères et les demandes de séparations de corps augmentaient aussi chaque semaine, et sur tous les points de la France les tribunaux condamnaient un séducteur, jugeaient un homme accusé de viol, un proxénète, ou rompaient une union mal assortie.

N'est-ce pas une preuve de la démoralisation causée par l'Empire? Chacun voulait l'emporter sur son voisin, et c'est ainsi qu'on se servait de tout sans examiner si les moyens étaient moraux. Peu importait à l'Empire, pourvu qu'il prolongeât son existence. Sur la fin, les étrangers de tous les pays du monde venaient à Paris, comme à la source de tous les plaisirs. La France était devenue le centre de la joie et de la gaieté ; et l'empire faisait tout son possible pour attirer cette foule de touristes blasés qui venaient jeter leur argent dans la tirelire des filles de joie. Puis, quand la capitale regorgeait de prostituées, quand les hôtels étaient remplis d'étrangers opulents, quand des petits cabinets sortaient des cris et des éclats de rire, quand le soir d'infâmes entremetteuses entraînaient de pauvres ouvrières dans les lupanars, lorsque les Champs-Elysées et le bois de Boulogne étaient sillonnés de phaétons conduits par les boulevardières à la mode, lorsque de toutes les maisons publiques sortaient des flots de femmes impures prêtes à racoler les passants, lorsque pour accompagner ce concert on entendait dans le lointain l'orchestre au son duquel les belles dames s'égayaient à l'Hôtel-de-Ville, en étalant leurs charmes, l'Empire s'écriait : « Tout va bien, la France est grande ! »

Les officieux applaudissaient. Mais aussi il y avait dans la plupart des villages des personnes dont les yeux se remplissaient de larmes. C'était la mère dont la fille avait été perdue par les petits crevés habitués des Tuileries ; c'était le père qui, sur d'alléchantes promesses, avait envoyé son fils dans la grande ville et le voyait revenir gangrené. C'était encore le pauvre sans pain, couché sur un grabat infect, qu'attristaient les fêtes officielles dont les dépenses auraient soulagé tant de malheureux. Mais l'Empire songeait bien à cela. Il fallait vivre et surtout il fallait jouir.

L'Empereur était satisfait lorsque, passant sur le boulevard, il voyait des milliers de filles, l'œil impudique, trôner insolemment sur le trottoir, insulter ceux qui refusaient de les satisfaire, rire de la vertu et faire rougir celles qui étaient demeurées honnêtes.

De temps à autre les guichets secrets des Tuileries s'ouvraient le soir, et l'on voyait glisser une de ces créatures choisies par l'auguste personnage dans le troupeau immonde des marchandes d'amour. Mlle Bellanger en fait foi.

Et le lendemain le discours impérial faisait l'éloge de la vertu, de la probité, et se terminait par des louanges à l'adresse de notre moralité.

Hélas! dans quels abîmes nous a jetés cette hypocrisie. Mais nous étions justement punis. A celui qui se plaignait de l'immoralité on aurait pu dire : « Vous n'avez que ce qui vous a plu. Si vous n'aviez pas voté *Oui*, le spectacle de ces vilenies ne nous eût pas été offert. »

XIV.

DU THÉATRE.

On dit que le théâtre est l'école des mœurs. La tolérance calculée de l'Empire, en fit une école de vice. D'ailleurs, l'esprit des masses abruties sous un joug honteux, réclamait des pièces conformes à ses goûts. Tel directeur qui aurait représenté une comédie quelque peu morale, se fût ruiné en peu de temps Aussi ne songea-t-on jamais à réagir contre cette invasion de toutes les turpitudes réunies : il fallait suivre le courant, marcher avec l'esprit du siècle, et quel esprit ? Le théâtre devint donc un rendez-vous général de personnages officiels, de gandins, de dames de la cour et du demi-monde. — Qui se ressemble s'assemble ! — On ne vit plus « au Français », le moins léger de tous les théâtres, que les gens de lettres, les rares admirateurs de la comédie classique, et la noblesse du faubourg Saint-Germain.

Une mère de famille n'aurait point osé conduire sa fille dans les théâtres à la mode, subventionnés par l'Etat. Qu'y aurait-elle vu ? Des ballerines à moitié nues, des femmes aux poses lascives et provocantes. Qu'y aurait-elle appris ? L'argot parisien et la langue verte. Car, plus un auteur assaisonnait sa pièce de mots à double entente, de termes ambigus, de phrases dont la malsonnance éclatait en formules péjoratives, plus cet homme obtenait de succès. Quel engouement pour ces opérettes-bouffes écrites dans une langue moitié française, moitié chinoise, dont le scénario négligé ne servait qu'à faire ressortir une musique d'une grotesque originalité.

Tout ce qu'on peut imaginer de plus stupide passait sur la scène, avec l'approbation des censeurs, choisis parmi les gens les plus perspicaces de l'empire. On s'inquiétait peu du livret, pourvu que les compositeurs aimés de la foule oisive, y adaptassent des airs joyeux. Aux yeux d'un homme de goût, ces pièces ne pouvaient passer pour des opéras. C'était un amalgame de valses, polkas, mazurkas, schottischs et quadrilles ; point ou peu de récitatif, et aucune de ces pensées brillantes, qui accusent chez l'auteur un véritable talent musical.

Au reste, à quoi bon ? On allait au théâtre pour admirer les costumes des acteurs et la grâce avec laquelle certaines actrices jouaient leur rôle de libertines. Les féeries attiraient une foule considérable ; pas de soir que le Châtelet ou la Porte-Saint-Martin ne refusassent du monde. C'est qu'aussi il y avait de quoi s'instruire. Songez donc quelle portée a une pièce comme *Cendrillon* ou la *Chatte blanche !* Et puis, ce bon peuple avait quelque chance de voir son souverain. Sa Majesté ne dédaignait point d'encourager les arts, en venant voir Thérèsa et les magnifiques décors qui faisaient l'objet de l'admiration générale.

Dans les théâtres où d'habitude se jouait le drame, c'était bien pis. Voici les principales thèses soutenues par les dramaturges admis à toutes les soirées de la cour, comme des génies transcendants :

L'époux qui prend une maîtresse a raison.

La femme qui trompe son mari fait bien.

Le concubinage l'emporte sur l'union légitime.

Le fils qui croque la fortune de ses parents avec des prostituées, accomplit son devoir.

La prostituée peut aimer, et la Dame aux Camélias est une femme aussi noble que Manon Lescaut.

L'enfant naturel a autant de droit que l'enfant légitime.

La jeune fille qui se laisse séduire *proprio motu* n'est pas coupable.

Les lorettes, les filles de marbre — synonyme de filles de joie — ont autant de pudeur, si ce n'est plus, que les vierges.

Tels sont les principes anti-sociaux que l'Empire a laissé étaler avec une coupable complaisance.

Il ne peut désavouer sa complicité dans ces sortes d'attentats à la vertu, et à la pudeur, car s'il ne partageait pas les idées des dramaturges, s'il reconnaissait l'immoralité que chaque phrase recélait, pourquoi a-t-il permis la représentation de ces œuvres ? Le dilemme est concluant.

On prouvait encore que le filou a souvent un cœur noble, que le seigneur qui enlève une fille, fait son devoir en en faisant une femme, que celui qui épouse une femme publique accomplit une grande action, que l'adultère est une simple punition infligée à la personne assez sotte pour s'engager dans des liens éternels.

Et quelle pudeur pouvaient avoir les actrices ? Une fille sage oserait-elle j uer de pareils rôles et se montrer à peine vêtue ? N'étaient-elles pas empoisonnées, ces bandes de figurantes, de danseuses qui, soit par leurs chants, soit par leurs tirades entrecoupées de louanges au cynisme, soit par leur jeu et leurs gestes effrontés, attisaient les passions des spectateurs ? Du reste, c'est un fait certain qu'elles étaient en grande partie entretenues par les dignitaires de la cour.

Ces théâtres faisaient des recettes annuelles de 20 à 25 millions. Combien d'ouvriers s'en allaient là dépenser le produit de leur travail, en laissant leurs femmes grelotter de froid et de faim ?

Au point de vue de la morale, le théâtre nous a fait un mal affreux : il a tué l'esprit de famille, il a inspiré des goûts de paresse au peuple, il a perverti la population parisienne.

Mais l'Empire, en donnant toute licence aux directeurs des théâtres poursuivait un but secret. Un peuple qui s'amuse ne songe point à élever des barricades. C'est pourquoi l'Empire poussait les masses dans les salles de bal, dans les cafés-concerts, dans les théâtres, afin de le détourner de la politique.

Les bonapartistes prétendent que les Républicains ont encouragé ces scandales. Le mensonge est un peu cynique. Y a-t-il eu un seul jour où les feuilles démocratiques n'aient pas flétri cette corruption de l'art qui transformait la scène en une exhibition de tableaux vivants ? Que l'on relise les journaux de l'époque et l'on verra quels calomniateurs impudents nous attaquent.

XV.

DE LA POLITIQUE DE NON INTERVENTION.

Voici bien la plus détestable politique qu'un gouvernement puisse adopter ; on ne saurait croire quelles conséquences désastreuses elle a eues pour nous. Ne pas intervenir dans les affaires d'autrui, c'est on ne peut mieux à de certains moments. Ainsi, que, par exemple, je vienne fourrer mon nez dans vos affaires d'intérieur, cela vous semblera passablement indiscret. Alors, vous aurez parfaitement raison de me mettre à la porte, même en dehors des formes exigées par l'étiquette. Je n'ai rien à voir dans vos comptes de famille ni dans les mille et un détails de votre ménage ; par conséquent je manque de tact en m'ingérant dans vos comptes particuliers.

Cependant s'il arrivait que, dans une famille composée de quatre enfants, les trois aînés s'acharnassent contre le cadet, soit dans le but de lui extorquer un abandon de ses biens, soit pour le dépouiller de ses richesses, devrais-je rester simple spectateur de cette scène révoltante ? Mon devoir m'obligerait à aller au secours du plus jeune, quand même je serais le moins redoutable de tous. Car, en laissant commettre cet acte d'iniquité, je donnerais pour ainsi dire mon approbation aux autres frères, et plus tard ils pourraient s'en prendre à moi, alléguant en toute justice que c'est leur droit de me voler, puisque mon indifférence vis-à-vis de leur frère a sanctionné les faits accomplis.

Eh bien ! sous cette forme parabolique, je viens de raconter l'histoire des nations européennes durant ces dernières années.

Ce spectateur égoïste, qui ne tend pas la main à son frère accablé, c'est l'Empire, c'est Napoléon III.

Il y a un immense filet tendu par delà le Mecklembourg. Deux araignées attendent patiemment l'heure où la mouche innocente viendra se jeter tête baissée dans les fils du lac. La voilà prise ; on entend son bourdonnement plaintif. Aussitôt les deux araignées accourent pour avaler l'insecte, mais, après s'être unies contre la victime, elles vont se battre pour le partage des dépouilles.

Or, si cet homme, qui a suivi leur tactique, avait délivré la mouche, les bourreaux ne se seraient pas entrégorgés.

On reconnaît ici le Danemarck, aux portes duquel veillaient ces deux Cerbères, l'Autriche et la Prusse.

Du jour où Napoléon permit pour la première fois à la force de primer le droit, tout fut consommé. Notre décadence a vraiment commencé à cette époque. Et quels résultats contraires eussent été obtenus, si le froid égoïsme de Napoléon avait fait place à une noble générosité ! Il y a de quoi frémir, lorsqu'on songe que cette attitude passive est la cause de tous nos malheurs.

Politique de non intervention, politique de lâche ! Mais ce qu'il y a de plus curieux, c'est que Napoléon est intervenu, quand notre intérêt commandait le calme, et a gardé le silence lorsqu'il fallait parler.

On reconnaît, dans ces sottises, le talent supérieur de cette nullité impériale, qui agit à l'encontre du sentiment général, qui, en cherchant à se faire passer pour le premier diplomate du monde, ne parvient à être regardé que comme un sot.

Dans plusieurs brochures bonapartistes dont les mensonges empestent depuis quelque temps nos campagnes crédules et naïves, je trouve les lignes suivantes :

« Pendant les vingt ans qu'il régna, on le vit toujours prendre en main la défense de l'opprimé contre son persécuteur. » Croira à ce mensonge qui voudra. Quant à ce qui regarde les actes de l'Empire relatifs à la politique étrangère, voici à quoi ils ont abouti :

Pour donner le change à l'opinion, l'Empereur priait ses ambassadeurs de verser quelques larmes de crocodile, lorsqu'une nation était spoliée par sa voisine, contre le droit des gens : seulement tout se réduisait à une honteuse comédie. En public, on prenait parti pour le vaincu, mais la nation qui avait employé la force contre la justice était admirée secrètement. Nous en voyons une preuve dans les dépêches échangées à l'occasion du traité de Gastein. On sait que ce traité consacrait le rapt des duchés. Or, M. Drouyn de Lhuys, alors ministre des affaires étrangères, disait ceci : « La violence et la conquête pervertissent la notion du « droit et la conscience des peuples. Substituées aux prin- « cipes qui règlent la vie des sociétés modernes, elles sont « un élément de trouble et ne peuvent que bouleverser « l'ordre ancien, sans édifier solidement aucun ordre nou- « veau. » — Voilà une note édifiante, mais pourquoi dès ce moment n'avoir pas pris les armes ? Une protestation écrite passe, on l'oublie, et les faits brutaux restent, et la force devient la seule maîtresse du monde. Au reste, si l'Empire tint ce langage, c'est pure formalité. Je suis fâché que votre voisin se soit emparé de vos domaines, je le blâme, mais s'il m'invite à dîner demain, j'accepterai. Telle est la morale de la non-intervention.

Ecoutez Machiavel : Ce n'est pas le prince prenant les armes le premier qui est la cause de la guerre, mais celui qui, le premier, a donné l'occasion de les prendre.

Or, c'est Napoléon qui a donné à la Prusse l'occasion de se battre contre nous, lui seul est donc coupable. Il aurait suffi à la France de faire respecter le faible. Napoléon ne le voulut pas. Il préféra laisser égorger le Danemarck, ne se doutant point, l'imprudent ! que ce manque de pitié retomberait sur nous.

Eclate ensuite la guerre d'Autriche. Cette fois encore, notre intervention pouvait arrêter l'effusion de sang. L'Empereur, suivant sa politique *anti-française* — c'est le mot — préféra se tenir derrière le rideau. Nous restâmes neutres ! Et pendant que les premiers coups de canon retentissaient en Bohême, notre armée, qui était intervenue si mal à propos au Mexique, s'en revenait l'oreille basse, en laissant Maximilien aux prises avec ses féroces ennemis.

Qu'arriva-t-il par notre faute ? L'Autriche fut anéantie, comme le Danemarck, et les duchés de Nassau, de Hesse, de Hanovre, les villes hanséatiques, Brême, Hambourg, Lubeck, passèrent aux mains de la Prusse sans que personne s'y opposât.

Puis, en 1870, nous recueillîmes les fruits de cette coupable neutralité. Au lieu de venir à notre secours, les nations voisines nous rendirent tout simplement la monnaie de notre pièce.

— Vous avez laissé le vautour prussien se repaître de mes entrailles, dit le Danemarck, je ne puis rien pour vous.

— Vous avez permis que la Prusse m'abaissât, reprit l'Autriche. Passez votre chemin.

— Vous vous êtes alliés aux Anglais pour me battre, dit la Russie. Je n'ai rien à voir à vos affaires.

— Vous n'avez pas su m'acheter, dit la Grande-Bretagne. Point d'argent, point d'Anglais.

Et notre pauvre patrie, supportant le poids des fautes commises par Napoléon, resta seule en face d'un vainqueur implacable, qui, fort de l'indifférence générale, se reput tout à son aise.

XVI.

DES ALLIANCES.

Il avait grandement raison, ce diplomate qui disait : « Le plus puissant d'entre les puissants a besoin d'un ami. » Qui plus que nous a pu le comprendre ? Dans cette effroyable guerre de 1870, nous sommes restés seuls, parce que l'empire, dont l'incapacité ressort seulement aujourd'hui, n'a pas su cultiver l'amitié des peuples voisins.

Les deux grandes races qui se partagent l'Europe sont la race latine et la race germanique. Evidemment, c'est avec la première que nous devions chercher des alliances. Mais encore fallait-il étudier l'esprit des nations et surtout leurs tendances, avant de s'engager en rien. Un peuple, alors même qu'il appartiendrait à la race latine, ne saurait être envisagé par nous comme un ami sincère, si secrètement il rêve notre ruine. Un faux ami est plus à craindre qu'un ennemi. Voilà pourquoi l'Empire ne devait faire aucune avance à la Grande-Bretagne. Et pourtant avec quel enthousiasme le monde officiel accueillait l'ouverture des hostilités en Crimée ! Comme ils étaient heureux, ces imbécilles, de se voir unis à l'Angleterre ! Si l'Empire avait été doué de quelque bon sens, n'aurait-il pas compris que nos voisins sont avant tout des hommes d'argent ? Déloyauté et égoïsme, tels sont les deux signes distinctifs de l'esprit anglais. Voyez, en effet, cette puissance à toutes les époques : c'est elle qui soudoye les armées, qui entretient les troupes allemandes, russes, italiennes, espagnoles. L'or coule à flots, et chaque jour ses navires partent chargés de valeurs, pour entretenir la haine des peuples coalisés contre la France. Si nous remontons plus haut dans l'histoire, c'est pour voir les Anglais soutenir les vendéens qui tentent de battre les troupes des généraux Hoche et Robert. Puis, quand l'argent fait défaut aux émigrés, ils se retirent prudemment et abandonnent ceux qui comptaient sur son concours. Enfin, le premier Empire succombe. L'Angleterre, à laquelle le métier de bourreau sied si bien, se constitue le geôlier de Bonaparte. C'est ainsi que, par une amère ironie de la Providence, il finit entre les bras de ses plus cruels ennemis.

Sous Louis-Philippe, elle nous tend partout des embûches, comme si la ruine de la France lui tenait au cœur. Mais Bonaparte n'avait qu'une courte mémoire. Il a tout oublié ! Et le souvenir des guerres nationales, et l'image de son oncle jeté sur un roc au milieu des vagues, et l'hypocrisie passée à l'état de système, à l'aide de laquelle l'Angleterre a réussi.

Il aurait fallu que, pareil au spectre d'Hamlet, l'ombre de Napoléon vint lui faire entendre le mot fameux : *Remember* ! Souviens-toi !

Les discours officiels se terminaient toujours par l'éloge de nos sincères alliés. C'était à n'en plus finir : Victoria par ci, Victoria par là. Quel aveuglement ! Les Anglais se sont joué de nous, et ont abusé de la triste situation que nous avait faite Bonaparte. Ils s'inquiétaient bien de la France ! Pourvu que l'Anglais tire son épingle du jeu, sans avoir les côtes étrillées, c'est tout ce qu'il lui faut. Nous partons au Mexique, suivis par eux Or, à peine ont-ils remarqué qu'il n'y a rien à faire, qu'aussitôt ils s'éclipsent sans mot dire. Mais l'honneur? L'honneur ? L'Anglais l'a mis au fond de son coffre-fort. Dès lors qu'il n'y a pas d'argent à gagner, que voulez-vous faire? L'Anglais ne demandait pas mieux d'aller au Mexique, pourvu que ses efforts fussent récompensés, soit par la prise de quelque port ouvert à son commerce, soit par quelque découverte destinée à l'enrichir. Quant au véritable but de la guerre, il ne s'en soucia point. Et là, comme ailleurs, nous restâmes seuls, à nous battre pour l'honneur de Maximilien d'Autriche.

Quand éclata la guerre du Danemark, Russell promit protection à ce pays. Cela ressort des dépêches échangées entre lui et l'ambassadeur anglais. Mais, tandis que ce pauvre pays, confiant dans ces déclarations, comptait sur une intervention diplomatique, Russell, jouant un rôle odieux, poussait la Prusse et l'Autriche sur le Danemarck. C'est de la dernière perfidie, dira-t-on, nos sincères alliés n'en font pas d'autres. Dans le but de créer des embarras à l'Amérique, ils envoient des armes aux rebelles pendant la guerre de sécession. Si les insurgés de Cuba ont tenu si longtemps la campagne, c'est parce que des navires anglais leur expédiaient clandestinement fusils et munitions. Cette nation a donc adopté pour principe la fausseté et la perfidie.

Elle nous a associés à ses entreprises quand il y avait bénéfice pour Victoria, et lorsqu'à notre tour nous avons sollicité son appui, on nous a jeté à la face un insolent refus. Plusieurs années avant la chute de Napoléon, les journaux anglais avaient pris parti pour la Prusse. De temps à autre, les princesses allemandes venaient à Windsor, et la reine mariait ses filles à des Prussiens. L'entente était parfaite. Malgré tous ces signes manifestes, l'empire n'en continua pas moins à s'humilier devant Gladstone, qui sans doute riait de la naïveté impériale. Il n'y avait qu'une nation digne d'un profond mépris, c'était la Grande-Bretagne. Or, Bonaparte ne traite qu'avec elle. Une fois que la Prusse eut vaincu l'Autriche, l'Angleterre la flatta. C'est qu'aussi il y avait de l'argent sous roche. Comment nos ambassadeurs ne firent-ils pas comprendre à Napoléon que notre alliance avec la Grande Bretagne était une duperie ? Cela sautait aux yeux. Il devenait évident qu'en cas de guerre l'Angleterre se tiendrait à l'écart.

Lamartine l'avait dit il y a longtemps : L'alliance anglaise est *impossible!* puisque l'Angleterre, par sa nature, ne peut abdiquer la prépondérance des mers, et que la France ne doit pas abdiquer sa prépondérance sur le continent. Et plus loin... La Prusse est un cabinet annexé de l'Angleterre ! Si donc nous faisons le total des alliances que nous a values l'empire, nous arrivons à zéro. En dépit de tout, c'était à l'Autriche qu'il fallait s'unir, afin d'empêcher ce qu'un autre appelait : une monstruosité anti-française, l'unité de l'Allemagne sous la main anglaise de la Prusse, c'est-à-dire l'unité de cinquante millions d'Allemands liés à l'Angleterre contre trente-six millions de Français seuls dans le monde. Mais non, l'Empereur se bat contre son alliée naturelle. Au profit de qui ? Des Italiens, qui nous refusent les cent mille hommes à l'aide desquels nous aurions peut-être écrasé la Prusse. Ceci s'est passé hier, chacun peut donc comprendre quel mal nous a fait l'Empire en se laissant prendre aux paroles mielleuses de cette reine, sur laquelle la Russie a jeté l'insulte, sans qu'elle ait osé répondre à la provocation. Ce jour-là, l'Angleterre a été déshonorée, mais elle n'a rien perdu, pas une banknote, aussi se déclare-t-elle satisfaite !

De tous temps, l'Angleterre a applaudi la Prusse dans ses rêves d'unité et regardé d'un mauvais œil l'Autriche qui seule pouvait arrêter l'œuvre de Bismarck. Fait plus remarquable encore et qui démontre jusqu'à quel point l'Empereur s'est trompé : c'est que, dans les réunions diplomatiques, dans les congrès, l'Angleterre a toujours été d'un avis contraire au nôtre. C'est quelque peu singulier de la part d'une nation que l'Empereur considérait comme son amie fidèle.

Déductions faites, quels sont les résultats de cette déplorable politique ? Les voici : Nous sommes seuls, isolés du reste du monde. L'Angleterre ne compte plus pour nous ; l'Italie nous déteste ; l'Autriche, dont l'Empire n'a pas su entretenir l'amitié quand il était temps, s'est jetée dans les bras *paternels* de la Prusse ; seule la Russie, se souvenant sans doute de la seconde partie du testament de Pierre-le-Grand, paraît se rapprocher de nous ; mais, de ce côté-là, on ne peut encore bâtir que des hypothèses ! Si donc, au point de vue des relations extérieures, les bonapartistes parviennent à amnistier l'Empire, il faut les tenir pour des gens bien adroits.

XVII.

LES FAUX LIBÉRAUX.

En 1869, il y eut dans l'opinion comme une sorte de réveil. La France sembla tirée de sa léthargie et prête cette fois à accomplir consciencieusement son devoir. On commençait à être las du despotisme, la presse républicaine avait éclairé l'intelligence obscurcie des électeurs, et l'on se préparait à une revanche éclatante. Pour la première fois, les citoyens firent acte de bonne volonté. A coup sûr, on n'obtint pas les résultats attendus par la démocratie dans tous les départements ; mais dans la majeure partie des provinces, le gouvernement subit de nombreux échecs. C'était, pour employer le mot d'un publiciste célèbre, le *commencement de la fin!* Ce qui prouve que la France en avait assez de ce régime funeste, c'est que, malgré la pression administrative et le poing de certains préfets, dont M. Janvier de la Motte est le plus beau type, les candidats républicains arrivèrent en grand nombre à la Chambre. L'Empire battu sur plusieurs points n'avait plus ses fidèles d'autrefois. On avait remercié tous ceux qui, dans le cours de leur mandat, avaient toujours voté selon le mot d'ordre des ministres. Or, quand un gouvernement n'a qu'une faible majorité pour lui, il est voisin de sa chute.

Au fond de ce mouvement, disait alors un fameux démocrate, il y avait avant tout un besoin de justice réparatrice. C'était plus qu'un acte politique, plus qu'une opposition libérale et un besoin de réforme, c'était un mouvement intime de la conscience nationale qui voulait que le vote fût un verdict de haute moralité et de souveraine revendication du droit violé.

Après cette leçon donnée aux bandits du 2 décembre, le peuple se crut fort. Il avait des défenseurs à la Chambre, il pouvait croire cette fois, que l'Empire lui donnerait la liberté. Hélas, on n'était pas encore sauvé. L'hypocrite souverain fit le saut de carpe, se déclara franchement démocrate, et la France quoique trompée tant de fois crut encore en lui! Mais cette conversion si subite n'avait pu arrêter le cours de la maladie mortelle dont l'Empire était atteint. Il fallait que le régime autoritaire succombât. Il périt en effet entre les bras de Rouher son plus cher défenseur. C'était un rude coup porté à l'Empire. Il ne devait pas s'en relever. Cependant Bonaparte cherchait à étayer la monarchie dont la base vacillait de plus en plus. Mais comment s'y prendre ? On ne voulait plus des ministres dictateurs, l'opposition refusait de prendre part à ce que l'Empereur appelait dans son langage l'œuvre de régénération ; certes la situation devenait perplexe. Napoléon ne se troubla point. Il fit tout simplement appel aux hommes du centre gauche et aux orléanistes. Ainsi commença le dernier acte de cette comédie intitulée : L'Empire, c'est la paix et la liberté. Le cabinet Daru-Ollivier naquit sur ces entrefaites. On fondait de grandes espérances sur les nouveaux ministres. Ollivier pouvait sauver l'Empire en le transformant de fond en comble. Par malheur nous n'obtînmes de lui que des lambeaux de satisfaction. On avait élargi le cercle, dénoué quelques anneaux de la chaîne, mais les abus dont nous réclamions l'abolition demeuraient intacts. Nous étions semblables à des oiseaux enfermés dans une cage étroite. Notre maître ouvre tout-à-coup la porte, nous nous élançons avec ivresse dans l'espace, il nous tarde d'aspirer l'air libre, mais hélas ! nos ailes se heurtent à d'autres barreaux. On nous a placés dans une immense volière, seulement nous n'avons fait que changer de cage.

Napoléon, comme on le croyait alors, n'avait pas rompu avec les hommes du coup d'État. Tandis qu'Ollivier remplaçait Rouher, celui-ci était nommé président du Sénat et Jérôme David recevait la plaque en diamants.

Grande fut la stupéfaction quand on vit les orléanistes se rapprocher de l'Empire. Les vieilles douairières du noble faubourg, toujours à cheval sur les convictions, tentaient de retenir leurs époux. Mais après quelques hésitations, on refoula la pudeur un moment effarouchée. Dans leur suprême sagesse, les philippistes jugèrent qu'un petit air de cour ne leur ferait aucun mal. Qui donc n'aime pas à revoir le théâtre de ses exploits ! Un matin, les nobles débris, raides, secs, empesés, comme au temps des fleurs de lys, firent irruption dans les salons officiels. L'aigle conclut une sorte de trêve avec le coq gaulois, et les partis vinrent porter ensemble un toast à la prospérité de la France.

Maintenant, ces intelligences vieillies communiquèrent-elles quelque force nouvelle à l'Empire ? Point. L'esprit de l'époque ne modifie en rien l'opinion des personnes âgées. Parce que ces gens ont aidé à la chute d'une monarchie, ils se croient seuls capables de conduire le char. Ainsi voyez-les à l'œuvre. Ils ne cessent d'arrêter le progrès dans sa marche ascensionnelle. On a beau leur dire que les temps sont autres, qu'on n'a plus aujourd'hui les idées d'il y a vingt ans. Peine inutile. Ils ont leur marotte, ils n'envisagent les choses qu'à travers un prisme obscur. Pour tout au monde, ces entêtés ne voudraient faire un pas. Par crainte d'une chute, ils s'arrêtent. Admirable méthode !

Pour sa propre conservation, l'Empire devait dire aux Républicains : J'accepte vos principes, venez-moi en aide. De la sorte, nous n'aurions pas eu la guerre, et en cas d'attaque, il nous eut été possible de résister vigoureusement, parce que le premier acte des Républicains eût consisté dans la proclamation du service obligatoire. Mais loin de là, l'Empire flatta les orléanistes qui précipitèrent sa chute.

Le sénatus-consulte, à l'aide duquel les bonapartistes croyaient satisfaire tout le monde, ne fit l'affaire de personne, pour cette raison qu'il n'accordait rien. Ollivier s'imaginait avoir fait un chef d'œuvre, il avait au contraire commis une énorme bévue. Car, la démocratie voulait tout ou rien. Point de demi-mesures, ni de système bâtard. Mais Ollivier n'était déjà plus l'homme de la République, il avait fléchi le genou, courbé l'échine et renié ses opinions. Triste palinodie ! Ollivier s'était laissé prendre dans l'engrenage, et tout y avait passé, âme et conscience. Au lieu de satisfaire la France, en ramenant l'Empereur à de meilleurs sentiments, il se fit le valet d'une dynastie, l'homme lige d'un souverain qui cherchait à se retenir à toutes les branches de salut.

Ollivier n'était pas un démocrate, mais un faux libéral comme son seigneur et maître. Il donnait d'une main et reprenait de l'autre ; il voulait l'élection libre et validait les élections les plus équivoques; il parlait sans cesse de liberté et combattait les projets de la gauche ; tant d'actes contradictoires jugent l'homme au cœur léger. Il a aussi mal commencé que mal fini.

Rouher, par son esprit intolérant, avait le premier discrédité l'Empire. Ollivier, grâce au faux libéralisme qu'il professa en entrant au ministère, lui porta le dernier coup. Nous ne saurions donc avoir trop de reconnaissance pour ces deux hommes politiques, qui ont travaillé l'un et l'autre, dans la mesure de leurs forces, à nous débarrasser de l'Empire! Rouher délaya le breuvage empoisonné du césarisme et Olliver tendit la coupe. Tous deux peuvent donc passer pour les destructeurs de la dynastie napoléonienne. A ce titre, ils ont droit à tous nos éloges.

Mais, comme de toute chose il faut tirer une morale, sachons nous défier des faux libéraux. Sous leur mine et leurs promesses alléchantes, on devine une furieuse envie d'égorger la liberté.

Les deux ministres n'ont pas eu la main heureuse. Au lieu d'anéantir l'idée républicaine, selon leur vœu le plus cher, ils ont assommé leur idole et fermé pour toujours les portes de la France à Napoléon III.

XVIII.

L'IMPÉRATRICE.

Une honnête femme si l'on veut, mais une femme *légèrement légère*, selon le mot d'un touriste anglais. De sa moralité, ne disons rien. Nous la croyons à l'abri de tout soupçon. On a fait courir mille histoires sur certaines aventures galantes, mais il nous semble que ces soi-disant scandales sont autant de pauvres cancans de coulisse inventés par un journaliste grincheux à bout de trouvailles. Contrairement à Bonaparte, l'Impératrice s'est toujours fait remarquer par la pureté de ses mœurs. Sous ce rapport, personne ne saurait lui infliger le moindre reproche. Ce fut une femme digne, unie à un être dégradé. Mais il ne suffit pas d'avoir une fidélité sans bornes à son mari, pour être vertueuse ; ce n'est pas tout d'observer les lois du mariage, il y a encore d'autres règles dont la violation entraîne de plus graves conséquences. Or, l'Impératrice a entraîné la France sur la pente du luxe et des plaisirs : sa frivolité a été contagieuse. Les grandes dames et la fine fleur de l'aristocratie l'ont imitée avec empressement. On parle souvent des patriciennes de l'ancienne Rome dont les toilettes revenaient à un prix exorbitant. Il en fut de même sous l'Empire. Quand un journaliste parlait de l'Impératrice, il ne s'extasiait pas sur ses innombrables vertus, ni sur les qualités éclatantes qui la rendaient si remarquable ; avant tout, passait la description des costumes. C'était à croire que plus elle portait de brillants, plus aussi son prestige augmentait. Quelques-uns insinuent que Dupin tomba dans une sorte de disgrâce, le jour où il lança sa brochure contre le luxe. Certes, il n'y a là rien d'étonnant. C'était s'en prendre à l'Impératrice des Français, la plus prodigue d'entre toutes les femmes. Le pire de tout cela, c'est que petit à petit, ce goût du luxe se répandit dans toutes les classes. On ne chercha plus qu'à se surpasser, et des villageoises elles-mêmes singèrent les dames de la ville. Bientôt les costumes les plus grotesques furent adoptés et, à force de chercher du nouveau, le bon goût se déprava.

Un jour, Frédéric-le-Grand, se promenant dans le parc de Postdam, rencontra plusieurs jeunes filles tellement parées et attifées, qu'il demanda à son aide-de-camp à quelle compagnie de dragons, elles appartenaient.

Si Frédéric avait vécu sous l'Empire, il aurait pu demander de quelles maisons publiques dépendaient les belles dames qui vont au bois et aux courses. Car on ne distinguait plus la prostituée de la femme honnête. Mêmes vêtements, mise tout à fait semblable ; or, à supposer que l'Impératrice eût donné l'exemple de la simplicité, nul doute que son entourage ne l'ait imité. Si nous nous plaignons du luxe des femmes, c'est à l'Impératrice qu'il faut surtout adresser des reproches. Et quelles furent les conséquences de ce système onéreux. Il faut d'abord considérer la progression effrayante du nombre des faillites. Le plus riche d'entre les riches dépensait ses revenus en choses luxueuses. Madame voulait ceci, madame voulait cela. Aujourd'hui, un collier de diamants, demain des turquoises, puis des émeraudes, etc. Et le mari était obligé de s'exécuter par cette raison bien simple qu'il fallait briller aux réceptions officielles. Un jour, à une soirée de la cour, on calcula qu'il y avait dans les salons, sur les épaules de soixante-quinze invitées, pour une valeur de 80 millions ! Hélas ! combien n'aurait-on pas secouru de malheureux avec cette somme !...

Mais, à force d'acheter et d'acheter toujours, le mari hypothéquait ses propriétés, puis... faisait faillite. Alors, ou Madame disparaissait, ou elle se séparait de son mari pour vivre avec quelque millionnaire qui pût lui permettre de reprendre son train de vie d'autrefois. Ces scandales furent si fréquents que certaines dames, en lisant un opuscule d'Yvan de Wœstine, sur le luxe et la corruption, crurent se reconnaître dans les portraits tracés par l'auteur.

Il faut à la femme moderne, a dit un bonapartiste, du luxe, des chevaux, un appartement doré et les robes du couturier à la mode. Tout cela coûte. Le revenu du ménage passe à dorer les salons, à garnir les costumes, à entretenir l'écurie. Et s'il y a un déficit dans le budget de Madame, comme Monsieur n'aura plus le sou, ce sera quelque amant qui le soldera. Cet intérieur fait pour le prochain, ne retient ni le mari ni l'épouse : l'homme va chercher au cercle des compagnons de jeu et de souper. La femme court le monde, fait parler d'elle, paye, au besoin, dans les journaux de cancans, quelque réclame sur sa beauté, et, si elle ne se conduit pas mal, elle en a du moins toutes les apparences. Quant aux filles, dit l'auteur déjà cité, on a parlé devant elles de robes, de cachemires, de diamants, de voitures, du dernier duel, de la pièce du Palais-Royal, de filles, d'adultères et de chevaux de course. Il est vra qu'on s'est donné garde d'entrer dans ces vilains sujets : les enfants, les grossesses, les accouchements. Tout cela est immoral !

Leurs idées en morale consistent à porter, en hiver, des toilettes foncées et des toilettes claires en été. Il est vrai qu'elles sont fort religieuses, qu'elles vont chaque dimanche à la messe de midi et qu'en revenant, elles en ont pour une heure à raconter les robes. Quand une jeune fille a atteint cet idéal, les parents la trouvent très-bonne à marier. On l'accouple avec un de ces charmants jeunes gens. Les parents s'embrassent et pleurent, et la mère de la jeune fille s'écrie en elle-même : « Bon débarras. »

Aussi quelles familles que celles où il y a de telles mères et de tels enfants, comme elles sont cuirassées contre les peines de la vie ! La jeune épouse élève à son tour ses enfants de la même manière, et c'est ainsi qu'aujourd'hui les femmes ne caressent qu'une espérance : un mari riche qui puisse leur acheter des robes ! Quant à l'amour, à la fidélité, aux principes religieux, il y a beau temps qu'on ne songe plus à cela. Le luxe avant tout. C'est la devise que l'impératrice a fait adopter au monde élégant. Je ne veux pas dire pas pour cela que l'épouse de Bonaparte était dépourvue de principes sérieux, mais son fol amour pour la vanité a eu une influence décisive sur le but de la vie. En la voyant perdre son temps et passer ses heures avec les couturières célèbres, on s'est imaginé que le bonheur consistait à se vêtir et à éblouir le public. Par malheur, les dames de l'Empire inspiraient plutôt le dégoût.

Disons-le comme un autre : Elle n'en mérite pas moins dans la mesure de son influence d'être regardée comme complice du mal affreux que nous ont fait l'Empire et l'Empereur.

L. Bonaparte s'était chargé de la politique, de la diplomatie, de la guerre, des administrations et des finances. L'Impératrice, obéissant à ses goûts mesquins et frivoles, incapable de vraie grandeur, créa pour le monde énervé et perverti, une atmosphère particulière de parfumerie et de serre-chaude, où des plaisirs extravagants et puérils alternaient avec un inexorable ennui.

Certains bonapartistes assez impudents pour vouloir replâtrer les sottises de leur maître, disent que le luxe est aussi scandaleux sous la République actuelle qu'au temps de l'Empire.

La réponse est simple. Ils oublient, ces mercenaires, que la lèpre communiquée à la France par l'Empire ne se guérit ni dans un mois, ni dans une année. Il faudra longtemps avant que le chancre du luxe soit extirpé !

XIX.

LES CANDIDATURES OFFICIELLES.

C'est outrager un peuple et dénier ses droits que de lui imposer des candidatures officielles. C'est lui dire : Je veux bien que le vote soit libre, à condition que tu votes pour mes créatures. La longue existence de ce monstrueux système a paru singulière. Il est pourtant facile de deviner la pensée qui présida à l'éclosion de cette scandaleuse institution. L'Empire pressentait que le jour où le vote serait libre, il serait renversé; or, toute sa tactique fut mise en jeu pour forcer les masses à accueillir ses hommes. On ferait un poème héroï-comique sur les fraudes, les scandales, les abus, les subterfuges, les inventions de toute sorte, à l'aide desquelles Rouher forma de serviles majorités. Quels moyens d'action ! que de ruses et de calculs ! Ici, on promettait un ruban rouge, là une pension, plus loin une bourse. A cette commune il fallait un pont, un édifice ; le meilleur moyen de l'avoir consistait à voter pour le candidat officiel. A l'époque du scrutin, le dernier des électeurs eût obtenu tout ce qui lui était désirable. Chaque officiel avait ses moyens de séduction : le propriétaire de vignobles envoyait des paniers de ses meilleurs crûs, le médecin considérait ses créanciers comme libérés vis-à-vis de lui, les avocats, les avoués promettaient de plaider ou de chicaner gratuitement, les publicistes expédiaient des caisses de livres. Aussi, imaginez-vous s'il était content, ce campagnard recevant un *Annuaire philosophique* ou *les Religions comparées*. Naturellement, tout cela était ténèbres pour lui, mais n'importe ! quel que soit le cadeau et la main qui l'offre, le paysan est satisfait.

Le gouvernement, bien entendu, se mettait de la partie. L'administration des postes conservait les circulaires des candidats, et des maires, pleins de zèle, consacraient aux usages les plus vulgaires certaines professions de foi hostiles à l'Empire. Puis, le jour des élections, dès l'aube, M. de Lespérance faisait amener des tonneaux de vin ou de cidre sur la place publique. On entendait alors des dialogues de ce genre : — Eh Nicolas, viens-tu voter? — Ma foi non, je ne m'occupe pas de politique. — Mais il y a du vin ? — Du vin, attends, je vais m'habiller, mais certainement qu'il faut que je vote. J'en ai le droit autant qu'un autre ! Si pourtant, malgré ces manœuvres, le candidat ne l'emportait point, M. le Maire pénétrait pendant la nuit dans les salles de l'Hôtel-de-Ville et changeait les votes. C'est ainsi que, quinze jours après, il y avait trois cents officiels à la Chambre. Alors Rouher, certain d'avance d'être applaudi, quand même il eut traité ses collègues d'ânes bâtés, ce que dans leur ignorance ils eussent pris peut être pour un compliment, commençait son discours par ces mots : Messieurs ! les élections qui, vous le savez tous, ont été libres.... etc. ! Devaient-ils rire dans leur barbe tous ceux dont l'élection était due, soit à un veau comme M. Calvet-Rogniat, soit à un rastell comme M. Durand, soit à une soupière comme M. du Miral. Puis, quand il s'agissait de valider, tout le monde était blanc comme neige. D'ailleurs ce ne pouvait être autrement. De quel droit auraient-ils renvoyé un de leurs collègues, puisque tous n'étaient parvenus que grâce aux mêmes intrigues. En dépit des efforts de la gauche, malgré certains faits de corruption parfaitement établis, on validait en masse. Etant complices des mêmes attentats contre le suffrage universel, ayant tous reçu la marque officielle, qui est devenue un signe de flétrissure, ils amnistiaient réciproquement leurs fautes. Dis donc, Adolphe, qu'est-ce que tu as fait gober à tes électeurs ? — Un tas d'histoires. J'ai tout promis, quitte à ne rien tenir, et toi ? — Moi aussi. — Et après s'être suffisamment moqués des nigauds qui s'étaient laissé prendre à la glu officielle, ils s'en revenaient banqueter chez Brebant pendant que les campagnards, au coin de leur feu, disaient : Ça n'empêche pas que nous avons nommé un rude gaillard. A la bonne heure celui là sait causer ! Oui, il parlait bien avant l'élection, mais après, silence sur toute la ligne. Les officiels devenaient subitement muets. Leurs mains seules s'agitaient de temps à autre pour applaudir Son Excellence M. Rouher, auvergnat de naissance et, comme l'a dit quelqu'un, rétameur en chef de la dynastie impériale.

Je me rappelle qu'à cette époque, un publiciste compara le Corps législatif au parlement pourri de Cromwell. On aurait pu le mettre au même cran que ce parlement de 1806, « si corrompu » qu'il acquitta lord Melville, dont les malversations étaient prouvées par témoins.

Au reste, quels avantages une Chambre ainsi composée pouvait-elle procurer à la France ? A bien prendre, on ne devait attendre d'elle que de mauvaises mesures. Car n'étaient-ils pas prêts à tout accorder, ces représentants qui devaient leur fortune aux manœuvres du pouvoir !

C'est ce qui eut lieu pendant vingt années consécutives. Si les faits n'étaient pas aussi récents, il serait presque impossible de croire que des citoyens aient eu l'âme assez basse pour ramper et s'avilir devant un homme dont le pays supportait avec tant de peine la souveraineté. On cite cette sortie naïve d'un député qui, après avoir voté, demanda tout à coup qu'elle avait été l'objet de la discussion. C'est l'histoire de la candidature officielle écrite en deux mots. Donc, nous n'étions pas représentés à la Chambre, les députés réflétant les idées du ministère et non point celle des électeurs. Par conséquent le régime autoritaire pouvait agir à sa guise sans se heurter à une ombre de résistance. Tous les projets du gouvernement passèrent, et la Chambre vota toujours avec un enthousiasme irréfléchi, sans même prendre la peine de discuter. A quoi bon, du reste ! C'était l'Etat qui présentait les lois, donc elles étaient opportunes. Or, nous pouvons établir de la façon suivante les jolis résultats dus à la majorité officielle :

Emprunts successifs.

Augmentation annuelle du budget.

Emprunts de la ville de Paris.

Guerre de Crimée.

Guerre d'Italie.

Guerre du Mexique.

Plébiscite.

Guerre franco-prussienne.

Si nous avions eu trois cents députés indépendants, ils auraient applaudi M. Thiers blâmant l'expédition du Mexiques et les orateurs qui s'effrayaient de l'augmentation de la dette. Nous ne nous serions pas engagés dans des guerres désastreuses, car les représentations énergiques du Corps législatif eussent pesé sur les décisions de l'Empereur. Cela nous prouve que les députés officiels entrent pour une grande part dans nos désastres. Sachons donc aujourd'hui les écarter, car de pareilles créatures ne sont propres qu'à s'agenouiller devant le premier souverain qui donnera des sinécures à leurs fils. Preuve évidente que ce sont des machines à la solde des monarques, c'est que plusieurs d'entre ceux qui embarrassaient de leur nullité les antichambres des Tuileries et poussaient les électeurs à consolider la dynastie, le jour du plébiscite, ont voté, le front haut et le *cœur léger*, la déchéance de l'Empire.

Que Napoléon remonte demain sur le trône, ils iront lui présenter leurs hommages. Mais rien de tout cela ne nous étonne. Le fameux axiome — tel maître, tel serviteur, — sera toujours vrai.

XX

BILAN.

Voici ce que nous a coûté l'Empire :

Liste civile de l'Empereur : vingt-cinq millions, soit, pour dix-huit ans, quatre cent cinquante millions.

Le Sénat, composé de bonapartistes pur sang, et je les compte comme faisant partie de la famille, coûtait sept millions par an, soit, pour dix-huit ans, cent vingt-six millions.

Le troupeau officiel, dont chaque tête, après avoir été marquée par les ministres-pasteurs, entrait au Corps législatif, nous coûtait trois millions chaque année.

En admettant une majorité officielle pour une période de dix années — et ce n'est point exagérer, — on arrive à un total de trente millions.

Dotation des membres de la famille impériale : un million cinq cent mille francs ou vingt sept millions.

Cent-gardes : quinze cent mille francs par an, ou vingt-sept millions pour dix-huit années.

Budget extraordinaire (?) : sept millions par an ou vingt-six millions pour dix-huit années.

Sûreté générale : deux millions, soit, pour dix-huit ans, trente-six millions.

Ainsi nous avons payé trente-six millions pour nous faire espionner !

Police : trois millions, ou pour dix-huit années cinquante-quatre-millions.

Ministres : huit cent mille francs par an, ou quatorze millions quatre cent mille francs pour dix-huit ans.

Maréchaux: cinq cent mille francs par an, en tout neuf millions.

Ambassadeurs: un million, soit, pour dix-huit années, dix-huit millions.

Si je parle ici des ministres, maréchaux et ambassadeurs, c'est que nous avons pu les juger et savoir par les Rouher, Bazaine et Benedetti à quoi ils ont pu nous servir.

Haussmann: cent cinquante mille francs, soit deux millions huit cent quatre-vingt mille francs.

Cadeaux de l'Empereur aux cousins, neveux et nièces : deux cent mille francs, — en tout trois millions six cent mille francs.

Cadeaux aux journalistes vendus à l'Empire : cinquante mille francs, en tout neuf cent mille francs.

A Mlle Bellanger *(pour compte)* Frais de voyage : deux millions, — en tout vingt-six millions.

Bals, soirées, chasses, raouts, réceptions, fêtes de toute sorte : un million, soit, pour dix-huit années, dix-huit millions.

Guerre de Crimée, où nous nous sommes battus contre la Russie, notre alliée naturelle, pour faire plaisir à la nation hypocrite que l'on appelle l'Angleterre, un milliard au minimum.

Guerre d'Italie, faite contre notre seconde alliée naturelle l'Autriche et qui a fait la fortune de la Prusse, cinq cent millions.

Aventure expéditionnaire du Mexique, qui tout en ruinant une masse de financiers français, nous a attiré l'inimitié des Etats-Unis, cinq cent millions.

En outre cent mille hommes tués dans ces campagnes pour l'honneur et le profit des voisins qui se sont moqués de nous lorsqu'on a sollicité leur intervention pendant la guerre franco-allemande.

Enfin, vingt mille des meilleurs citoyens français exilés pour laisser la place aux aventuriers du Deux-Décembre.

Guerre franco-allemande : dépenses générales, trois milliards;

Réquisitions : huit cent millions ;

Rançon : cinq milliards;

Provinces volées : un million quatre cent mille hectares à mille francs, un milliard quatre cent millions;

Ravages causés : sur dix millions d'hectares à dix francs, cent millions;

Seize cent mille Alsaciens et Lorrains : à dix mille francs chacun, seize milliards.

Tel est le bilan de l'Empire qui forme un passif de vingt-neuf milliards sept cent soixante-huit millions sept cent quatre-vingt mille francs, — non compris la dette publique !

A ceux qui trouvent ce menu léger, je n'ai qu'à dire : « Rappelez l'Empereur, car vous avez probablement pris part à la curée. »

Quant à nous, cette note nous paraît quelque peu exorbitante ; nous préférons donc de beaucoup la République, qui, sans l'héritage grevé laissé par l'Empire, ne dépenserait pas dans le même laps de temps la vingtième partie de ce que l'Empereur et son entourage prodigue ont jeté à tous les vents.

XXI.

L'AIGLE

Parabole.

Il s'élevait fier et majestueux, le roi des airs ; son vol étendu, la magnifique envergure de ses ailes émerveillait toute la gent ailée. Les habitants de l'atmosphère, oiseaux et oisillons, se délectaient de ce merveilleux spectacle.

Et l'aigle montait, montait toujours, décrivant des courbes fantaisistes, jouant avec la force et la puissance. A ses tressaillements on devinait la fierté satisfaite. Comme l'admiration de ses infimes sujets lui allait au cœur ! Tout à coup, une bande d'oiseaux-mouches fendit l'espace.

— Où allez-vous, misérables ? siffla l'aigle d'une voix courroucée.

— Pauvres voyageurs, nous regagnons le logis, exclama le chef, pâle de terreur.

— Et vous osez voltiger à mon étiage ? Je ne saurais trop punir votre audace.

Se précipitant alors sur les maigrelets, il les perça de son bec *avicide*. Après avoir tournoyé quelques secondes, les malheureux tombèrent lourdement, qui sur le chaume d'un toit, qui sur le bord d'un étang, dans le berceau d'une sarcelle. Aussitôt voilà le peuple en émoi. On s'élance de toutes parts, on vole à leur secours. Dame Corneille faisait retentir les échos de ses lamentations.

— Oh ! ma chère, exclama une pie-grièche à l'air confit, quelle cruauté ! Et dire qu'ils laissent tous des orphelins !

En vain le corbeau tira-t-il sa trousse ; tout appareil était inutile. Transpercés de part en part, leur corps ne présentait plus qu'une plaie affreuse. Un seul put encore murmurer : « Prenez soin de ma famille, » puis il expira.

Et l'aigle montait toujours. Bientôt on ne vit plus qu'un point noir, puis il disparut tout à fait. L'aigle se reposait sur la plus haute cime de la plus haute montagne.

Le lendemain eurent lieu les funérailles. Elles furent célébrées en grande pompe ; on tenait à honneur d'assister au convoi funèbre.

Chacun, en effet, détestait l'aigle intérieurement, et, si on l'admirait en public, c'est que sa griffe cruelle inspirait la crainte. Perché sur un roc pointu, celui-ci contemplait la scène d'un œil sinistre. Un kakatoës, courbé sous le poids des ans, prononça l'oraison funèbre. Voici quelle en fut la substance :

« Citoyens de la tribu ailée,

« Nous venons d'inhumer les restes de quelques uns de nos frères. Ils ont péri pour la liberté. Leur bourreau, — car tel s'appelle l'aigle, — les a condamnés à une mort horrible. Selon moi, un chef ne doit pas disposer ainsi de la vie de ses sujets, Pourquoi ce crime a-t il été commis ? Parce que l'aigle se croit couvert par l'impunité. Il n'en sera pas ainsi. Depuis trop longtemps ce despote abuse de notre patience. Mettons-y ordre une bonne fois, l'heure est venue. Partant de ce principe, honorables citoyens, j'ai l'honneur de vous poser la question suivante :

« — L'aigle, troisième du nom, a-t-il commis un acte contraire aux lois et aux droits du peuple ?

« — Oui, répondit-on d'une voix unanime.

« — Veut-on qu'il soit jugé ?

— Oui !... reprirent les assistants.

« — Alors, je convoque la Haute-Cour pour demain. »

Un pélican parasite qui, depuis vingt-deux ans, vivait sur la cassette de l'aigle, essaya bien de lancer une réplique, mais le vautour rancunier le souffleta d'un coup d'aile en disant : Je te rappelle à l'ordre, courtisan imbécile, *celui qui s'est servi du bec doit périr par le bec.*

Le lendemain la Haute-Cour entra en séance. Jamais salle de justice n'avait regorgé d'autant de monde. Les témoins à charge étaient nombreux. Un seul avait osé prendre la défense de l'aigle. Les premiers déposèrent d'une façon accablante. C'est alors que le paon s'étant levé, salua le public d'un tour de queue exigé par l'étiquette.

Cet avocat criard était un parvenu, dont l'embonpoint était dû aux prodigalités de l'aigle. Prévôt de la police, c'est assez vous dire qu'il était exécré de tous.

« Messieurs, » commençà-t-il après avoir assuré ses plumes chatoyantes.

« Messieurs... » Quelques sifflets satiriques d'un rossignol l'interrompirent.

« Silence, » fit le hibou faisant fonctions d'huissier.

« Messieurs, la cause que je vais défendre est en tous points fort difficile. Permettez-moi donc de solliciter votre indulgence. Je commencerai par dire que l'aigle était mon *intime ami* et *doux seigneur*. Je lui dois tout, fortune, rang, dignités... »

Un murmure désapprobateur couvrit sa voix.

« ..... Et honneurs, » acheva le paon d'un ton superbe.

Les huées redoublaient de fureur.

« ... Mais puisque l'on interrompt l'ordre de mon discours, je me résume et je dis : Cet estimable souverain a commis une faute ; que celui qui est sans péché jette la première pierre. » Cela dit, l'avocat se rengorgea superbement, puis retourna à sa place.

A son tour le premier président prit la parole :

« Certes, dirai-je comme l'honorable paon, tous nous sommes peccables ; mais, quand le nombre des crimes augmente chaque jour, quand on proscrit, quand on massacre de sang-froid, nulle justification n'est possible. C'est le cas qui se présente ici. Voilà 22 ans que l'aigle se repaît de nos sueurs. Il a chassé 26,642 de nos concitoyens. Il a ruiné la tribu en lui arrachant ses meilleurs membres. Terme à tout. Une faute, cent fois répétée, demande un châtiment exemplaire. D'ailleurs un gouvernement plus libéral entre mieux dans les opinions du public. Nous en avons assez de l'activité dévorante, c'est pourquoi je demande l'exil pour ce tyran exécré. »

Le jury entra en délibération et prononça le bannissement perpétuel.

....

....

De longues années s'écoulèrent. Un condor avait été choisi comme président de la République, et de prudents ministres l'empêchaient de suivre les errements de son prédécesseur. On avait initié les oisillons aux affaires politiques, de sorte qu'éclairés à l'égard de l'aigle, les nouvelles générations se promettaient bien de ne jamais le reprendre.

— Pourquoi jouissez-vous donc d'un calme si doux ? demanda un jour une mouette touriste, venue des lointains pays. D'où vient que partout je vois l'image de la félicité parfaite, que je n'entends que des cris de joie, que sur toutes les têtes rayonne l'expression du bonheur?

— Madame, répondit magistralement le corbeau, c'est que nous possédons le trésor le plus précieux du monde.

— Qu'est-ce donc ?

— *La Liberté* !

La mouette bavarde n'alla-t-elle pas rapporter cette réponse à l'aigle ? Celui-ci forma aussitôt le plan le plus incroyable qu'il se puisse imaginer. — *Une restauration* ! — Je vais leur promettre l'indépendance, pensa-t-il, et Dieu aidant, nous parviendrons à reconquérir notre domaine.

Il s'élança donc, gonflé d'espérances, et arriva sur les confins de la tribu. Un ambassadeur fut commis par le condor, pour entrer en pourparlers. Mais l'aigle rehaussa en vain son prestige, il eut beau promettre monts et merveilles, et faire valoir ses talents. L'ambassadeur lui répondit : Nous ne voulons plus de vous, votre puissance a coûté trop cher au peuple. Du reste, c'est au nom du pays que je parle. Voici notre dernier mot :

Non, jamais, jamais sur nous,
L'*aigle* ne règnera.

A ces mots, il devint blême de fureur, ses illusions s'évanouirent, son rêve disparut. Il reprit son vol et fendit les nuages pour revoir, une dernière fois encore, son empire ;

mais l'orgueil déçu lui avait porté un coup mortel. Ses ailes devinrent lourdes, sa tête se pencha, et bientôt incapable de se soulever, il tomba sur le sol jadis souillé de sang par lui.

Ses ailes s'embarrassèrent dans les astragales d'un monument funèbre. Par un instinct de suprême et dernière curiosité, il regarda l'épitaphe. Hélas ! c'était le tombeau où reposaient les oiseaux-mouches sacrifiés à sa tyrannie.

On l'inhuma à côté de ceux que sa politique autoritaire avait voués à la mort, et on grava sur la pierre tumulaire ces deux mots :

DESPOTISME ET LIBERTÉ !

CHAUMONT. — IMPRIMERIE DE CHARLES CAVANIOL.

www.ingramcontent.com/pod-product-compliance
Lightning Source LLC
LaVergne TN
LVHW020354230826
846091LV00003B/1097

* 9 7 8 2 0 1 1 7 7 8 1 6 1 *